Power Questions

Build Relationships, Win New Business, and Influence Others

Andrew SOBEL & Jerold PANAS

阪急コミュニケーションズ

生き生きした実りある関係を築き、職業人として成功し、出会う人すべてから意欲を引き出したいと願うすべての男女に——この本をあなたに捧げる。

あなたが、私たちのように、ほとんどの場合、質問が答えより大切だと信じているなら、仕事でも人生でも成功への道を邁進しているといえるだろう。

POWER QUESTIONS :
Build Relationships, Win New Business, and Influence Others

by Andrew Sobel and Jerold Panas

Japanese translation published by arrangement with
John Wiley & Sons International Rights, Inc. through
The English Agency (Japan) Ltd.

Q

パワー・クエスチョン

空気を一変させ、相手を動かす質問の技術

CONTENTS

1 いい質問は安易な答えに勝る

シカゴの高層ビルの四〇階、さんさんと陽光が降りそそぐオフィスに私たちはゆったりと座っていた。私は取材相手のCEOに訊いてみた。「取引を望む相手との面談で、いちばん強く心に残るのはなんですか？　知り合ったばかりなのに信頼できそうだと感じる決め手はなんでしょう？」

このCEOは年商一二〇億ドルの会社を経営している。インタビューは彼が全幅の信頼を寄せる取引先がテーマだった。対象となるのは、彼の会社が長年にわたって利用している銀行や法律事務所、そして、彼の厚い信任を得ているアドバイザーたちだ。

「いつもそうだが」と、CEOは言った。「コンサルタントにしろ、銀行家にしろ、弁護士にしろ、どういう質問をするか、そして、こちらの話にどれだけ熱心に耳を傾けるかで、その人間の経験と洞察力がわかる。それだけのことだ」

この言葉は、人間関係を築く上でなにが重要か端的に言い尽くしている。それはまたコンサルティング業務で出会った多くの人たちから私たちが学んだことでもある。すなわち、**いい質問は答えよりはるかに効力がある場合が多い**という事実だ。

的を射た質問をされると、私たちはいやでも考えさせられる。新たな視点から問題をとらえ直そうとする。そうすることで自分の思い込みに気づき、これまでの考え方を捨てることになる。つまり、質問が契機となって、もっと学び、新たな発見をしたいという気になるわけだ。優れた質問は、人生でなにがいちばん大切か思い出させてくれる。

昔から、ソクラテスやイエス・キリストといった世界を大きく変えた人物は、実に効果的に質問を活用している。彼らにとって質問は教材であり、周囲の人々を根底から変える手段でもあった。この二人には後章で登場してもらって、そのテクニックを学ぶことにしよう。

本書には、ほかにも企業のリーダー、聖職者、大富豪、弁護士、医療機関のＣＥＯなど、さまざまな人々が登場する。いずれもすばらしい人物で（ご存じの人もいるだろう）、パワー・クエスチョンが人生の大きな転機となった人たちである。

二〇世紀に入ってからも、アルバート・アインシュタイン、ピーター・ドラッカーといった並はずれた知識人が、好んで知的刺激に満ちた質問をしている。

若き日のアインシュタインは、ある日、花の咲き乱れる野原を照らす朝日を眺めながら、こう自問したという。「あの光の速さで飛べないだろうか？　光速に達するか、光速を超えることができないだろうか?」後年、彼は友人に語っている。「私には特別の才能があるわけじゃない。ただ好奇心が旺盛なだけだ」

ドラッカーはマネジメントにおける偉大な思想家と目されている。彼は時間をかけてクライアントに熱心に質問することで有名だった。

アドバイスするのではなく、単純だが鋭い質問をしたのだ。「具体的にはどんなビジネスに携わっているのですか?」とか「御社の顧客にとって最大の価値はなんですか?」といった質問だ。かつてあるジャーナリストがドラッカーをコンサルタントと呼んだとき、本人は異議を唱えた。コンサルタントというよりも、手ごわい質問をぶつけて相手を侮辱《インサルト》する「インサルタント」だというのである。

偉大な芸術家たちも、質問が発揮するこのパワーをよく知っていた。文学史上もっとも有名な戯曲の一節が質問形式で書かれているのは決して偶然ではない。「生きるべきか、死ぬべきか、それが問題だ」シェイクスピアのハムレット王子は、生と死について思い悩みながらこう自問している。

本書は「パワー・クエスチョン」というタイトルにした。この本で紹介する質問には、会話を驚くほど楽しいものに生まれ変わらせるパワーがあるからだ。パワー・クエスチョンは、問題の核心に切り込む強力なツール、閉ざされた扉を開く鍵である。

続く三四の短い章では、ひとつ、あるいは複数のパワー・クエスチョンが、会話や状況を一変させた様子を説明している。いつ、どんな状況で質問をすればいいか示すために実例をあげてある。巻末の「状況別・さらなるパワー・クエスチョン二九三」では、新たにまた二九三のパワー・クエスチョンをテーマ別に列挙した。こうした質問を活用すれば、公私ともにさまざまな状況で成果をあげられるはずだ。

質問が持つパワーを活用できるようになると、仕事の上でも私生活でも効率がぐんとよくなる。本書は人間関係を築き、円滑なものにするために役立つだろう。製品やサービスやアイデアをどんどん売り込んでいただきたい。人を動かして、本人ですら気づかなかった能力を引き出してほしい。そして、クライアントや同僚や友人に影響力をおよぼしてもらいたい。

いい質問の変革力を駆使する心構えができただろうか？　それでは、始めよう。

2 どん底に落ちたくなかったら穴を掘るな

今思い出しても、身の縮む思いがする。まさしく若気の至りだった。私は輝きたかったのに、みごとに顔をつぶしてしまった。

一九六〇年代に活躍したポップグループ、プロコル・ハルムにこんな歌があるが、それはまさにあのときの私だった。「血迷った僕の頭は、きらきらと輝いて、狂気の光を放っている」

私が勤めていたコンサルティング会社が、新規顧客の獲得をめざす大手テレコミュニケーション会社にプレゼンに出向いたときのことだ。私は会社で共同経営者に昇進したばかりだった。それもあって、この大物クライアントを獲得して点数を稼ごうと意気込んでいた。いや、意気込みすぎていたというべきだろう。

なんとしてでも成功させようと私は心に誓っていた。そのために万全の準備をした。実績を示す山のような資料もそろえた。先方には最高のコンサルタントを選んだというだけでなく、頼むなら我が社しかないと思ってもらわなければならない。

こちらは三人、相手は五人だった。五人のうちには重責を担う副社長も何人かいた。企業トップではないが、上級役職者ばかりだった。案内されたのは、広々とした会議室。重役会議室ではなかったが――黒いテーブルは銘木《めいぼく》製ではなく、ラミネート加工が施してあった――それでも、豪華な雰囲気だ。私たちは満足そうに室内を見まわした。

私は分厚いバインダーを持参していた。パワーポイントで作成した山のようなスライド。綿密につくり上げた大量の文書も整えてあった。

だが、結局、見当違いの準備だったのだ。

ウッドロウ・ウィルソン大統領の名言を学んでおくべきだった。「一〇分スピーチするなら、準備に一週間かける。一五分なら三日。三〇分なら二日。一時間のスピーチなら、今すぐ始められる」簡潔さという点で、私はまったく準備不足だったのである。

やがて、クライアントが最初の質問をした。一斉射撃の火ぶたが切られたのだ。といっても、ゆるやかな攻撃で、しくじる可能性は低かった。

「御社のことを少し教えてください」

コンサルタントとして適任なのは我々しかないと一点の疑いも残さず相手に印象づけなければ。そこで、まず我が社の歴史に触れ、二つのコンサルティング会社が合併して誕生したいきさつを語り始めた。私自身、その時期を経験していたから、相手にとっても興味深いだろうと思ったのだ。

ついで、顧客基盤を説明した。我が社の重要な手法をざっと解説し、クライアントと緊密に協力できるようにジョイントチーム体制をとっていると話した。クライアントの話を傾聴する姿勢を重視していると力説した（若かった私は、この皮肉な言い草に気づかなかった）。

重要事項はなにひとつ漏らしたくなかった。こうした情報が相手に感銘を与え、我々と契約したくなるにちがいない。即断も夢ではない。

しかし、説明に気をとられて、私は向かい合って座っているクライアントのことをすっかり忘れていた。あっという間に時間が経ったことにも気づかなかった。

三〇分ほどして、同僚と私はやっとプレゼンテーションを終えた。沈黙が返ってきた。

副社長のひとりが重ねたホルダーに手を伸ばした。戦略計画書を取り出して、協議しようというのだろうか？　それとも、会社の組織図を出して、ほかに会うべき人物を指定するのだろうか？

どちらでもなかった。取り出したのはスケジュール帳だった。「とても参考になりました。あいにく、次の会議の時間なので」

遅かった！　人間関係はほとんど築けなかった――いや、皆無といっていい。相手の目的も課題も達成目標も理解できなかった。チャンスを逸してしまったのだ。私たちは出口に案内された。

（今これを書いていても、私の頭の中ではボブ・ディランの「マイ・バック・ページ」がこだましている。「ああ、あのときの僕はずっと年老いていた。今のほうが僕は若い」。そして、人生には無駄な過ちなどなく、どんなことでも成長の糧になるのだと自分に言い聞かせるのだ）

さて、話を進めよう。それから一年後。同じような営業訪問に上司のデウィットと出かけた。彼はこうした活動の場数を踏んだベテランで、優れた指導者でもあった。そのときもクライアントは同じ質問をした。「まず御社のことを教えてもらえませんか？」

デウィットはちょっと考え込んだ。そして、顔をあげて問い返した。「弊社のどんな点に興味をお持ちですか？」そう言って、あとは黙っていた。

（質問して、ちょっとでも沈黙が続くと、ほとんどの場合、言い方を少し変えてもう一度質問したくなる。沈黙に耐えられないからだ。だが、デウィットは違った――話がとぎれても悠然と構えている。ずっと前に私にこんなアドバイスをしてくれたことがある。「発言したり、質問したりしたら、あとは黙っていることだ」）

すると、クライアントの質問が具体的になった。「そうですね、もちろん、御社がなさっていることはだいたい承知しています。とりわけ関心があるのはアジアにおける守備範囲で、それから、国内実績もうかがいたいのです」。これがきっかけとなって、活発なやりとりが始まった。「なるほど。国内実績とおっしゃいましたが、それについてもう少し説明していただけますか？」デウィットは訊いた。「なぜそれを問題になさったのですか？」ほかにも彼は的を射た質問をした。そして、最近担当したクライアントを話題にした。同じような状況のクライアントに助言して成功した例を中心とした興味深い話だった。

デウィットの質問のおかげで、この会社が別のコンサルティング会社と契約してうまくいかなかったことがわかった。グローバル化を図るように勧められたが、それがあまり成功しなかったというのだ。アジアに販路を拡大する計画があることもわかった。外部のコンサルタントの助力を求める理由も明らかになった。

さらに、デウィットは私が一生忘れられないことをしてくれた。クライアントの前で私を褒《ほ》めてくれたのだ。この私を！　自分の二五年の経験や業界に関する圧倒的な知識をそれとなくひけらかすのではなく、私と一緒に仕事ができて幸運だと言ってくれたのだ。若手共同経営者のなかでいちばん優秀だとも言ってくれた。大変な努力家だとも。この私をである！

このときのプレゼンは、一年前のテレコミュニケーション会社の場合と違って、はるかに充実したものだった。まさに新しい関係の始まりだったのである。

一週間後、その会社からデウィットに電話があった。もう一度くわしい話がしたいというのだ。そして、契約の運びとなった。デウィットはその八年後に引退するまでずっとその会社を担当した。今は私が担当している。私の大切なクライアントである。

そして、あのときからずっと、私はデウィットの教えを忠実に守っている。

「御社のことを教えてください」と言われたら、具体的な点をあげてもらうこと。「弊社のどういう点に興味をお持ちですか?」と問い返すといい。
同様に、「あなたのことを話してください」と言われたら、「私のどういう点に興味をお持ちですか?」と訊くといい。

! この質問の活用法

「弊社のどういう点に興味をお持ちですか?」

質問されて、相手の知りたいことを確認するために問い返す人はまずいない。そのあげく、的外れの答えを延々と聞かせられた経験はないだろうか? 質問を理解したつもりでも、実際にはそれは相手の知りたいことではなかったからだ。そうなると悲惨である。

相手がなにを求めているかはっきりさせる習慣をつけるといい。「あなたのことを話してください」と言われたら、誕生から始めて、何時間も話し続けることもできるだろう。

あるいは、経歴のどの時期に関心があるのか確かめて、そこから始めることもできる。

［いつこの質問を使うか］

- 漠然とした質問をされて、答えが長くなりそうな場合
- 時間が限られていて、短い答えで的確な内容を伝えたい場合

［この質問のバリエーション］

- 「私の経歴のどの時期に関心がおありですか？」
- 「どの点に絞ってお話しすればいいでしょう？」
- 「お答えする前にうかがいたいのですが、これまでに弊社とお取引願ったことはありますか？」
- 「最近のクライアントのなかで、御社と同じような状況の例を二、三あげるところから始めてもいいでしょうか？」

［フォローアップの質問］

- 「これで答えになっているでしょうか？」
- 「ほかにご興味のあることはないでしょうか？」

3 四語

「たった四語だ。それだけだよ、望みは。それだけでいいのに」

私はジョージのオフィスにいた。彼は猛然と部屋の中を歩きまわっていた。端まで歩いてはまた戻ってくる。カーペットに歩いた跡が残るほど何度も。

ジョージはアメリカ南東部にある有名大学の副学長である。私の見るところ、トップクラスの副学長だ。ちなみに、私は多くの大学幹部と働いた経験がある。

「落ち着いて」私は言った。「爆発寸前じゃありませんか。とにかく、座ってください」

「四語とはなんですか?」私は訊いた。「なにが言いたいんです?」

話が始まった。残念ながら、以前にも同じ話を聞いたことがあった。ジョージは大学の幹部会議から戻ったばかりだった。状況は少しも変わっていなかった。

「また学長のろくでもない会議につき合わされた。三時間ぶっ通しで聞かされたよ、彼がどう思うか、なにをしたいか、優先事項はなにか、彼のリーダーシップの下で大学がどう変わりつつあるか延々と」

ジョージは口をはさむ隙もない学長の長広舌についてなおも話し続けた。世の中には聴覚に問題があるわけではないのに、話を聞けない人がいる。ジョージの大学の学長がまさにそれだった。

「一度でいいから」ジョージは続けた。「ちょっと話をやめて、どう思うかみんなに訊けないものかね。一度でいいんだ。学長に言わせたい四語とはそれだよ、あなたはどう思う?《ホワット・ドゥ・ユー・シンク》」

ジョージの言い分は間違っていない。「あなたはどう思う?」という四語には大きな力がある。相手の意見を求めることになるからだ。相手はあなたに話を聞いてほしいのだ。しゃべりすぎと非難されることはあっても、相手の話を聞きすぎだと文句を言われることはまずない。

ヘンリー・ソローはある日、日記にこう書いた。「今日、最高の賛辞を贈られた。どう思うかと訊かれた上、実際に熱心に耳を傾けてもらえたのだ」

初めてスケート靴をはいたら、多少なりともぶざまな格好になるのはしかたがない。相手の話を聞くのも同じで、慣れるのにコツがいる。ジョージの言う四語は手始めとして最適だろう。「この件についてどう思いますか?」と訊いてみるといい。あるいは「あなたはどう感じますか?」でもいい。

バリエーションはいくらでもあるだろう。いわゆる「オープンエンディド・クエスチョン」と呼ばれるもので、イエスかノーで簡単に答えることはできない。なんらかの説明が必要となる。

そうなると、あなたは聴こうとする。熱心に耳を傾ける。クエーカー教徒が「傾聴」と呼ぶ姿勢をとるのだ。

一見、矛盾しているようだが、質問して相手の答えを聴くのは会話をリードすることにつながる。答えが必要な質問をすれば、優位に立てるのだ。聞き上手な人はどこでも歓迎されるだけでなく、熱心に聴くことで得るものが大きい。

そのことを思い出したのは先日だった。古いファイルの中から、フランクリン・デラノ・ルーズベルト大統領の風刺画が出てきた。杖に寄りかかって身を乗り出し、二人の男の話に耳を傾けている大統領が描かれている。二人はホームレスのようで、どうやら大統領の話を途中でさえぎったらしい。

この絵をどこで見つけたか覚えていないが、私にとって貴重な宝物だ。二人のうちひとりは小柄で、攻撃的な感じがする。ポケットに両手を突っ込んで、大統領の鼻先まで顔を近づけている。もうひとりはもっと大柄で年上だ。よれよれの古い上着を着ていて、無精ひげを生《は》やしている。ルーズベルト大統領愛用の灰色の中折れ帽は、いつものように少しひしゃげている。ぐっと体を前方に乗り出しているのは、相手の意見を聞いているところなのだろう。一言も聞き漏らすまいとしている。風刺画の下にはこんな説明がある。「大統領は相手の感想を聞き出すコツを知っている」

君はどう思う？ これほど説得力のある言葉はない。聴いてもらいたいという欲求は人間にとって強い原動力となるからだ。私たちはみんな話を聴いてもらいたいのだ。

科学的な研究でも明らかにされているが、私たちは熱心に話を聴いてくれる人に誰よりも好意を抱く。人間には大きな二つの欲求があるからだ。認められたいという欲求、そして、話を聴いてほしいという欲求である。

その二つの欲求を満たす「君はどう思う?」という質問ほど効力のあるものはない。

ちなみに、ジョージの一件はハッピーエンドとなった。例の学長が州知事選に出馬して、当選したのである。ジョージは後任の学長に選ばれた。いや、もうひとつおまけがある。だが、ここでやめておこう。これは実話で、私としてはうまく偽名を使ったつもりなのだから。

聞き上手と評されるようになること。話を引き出し、相手に関心があることを示すには、「あなたはどう思いますか?」と問いかけるといい。

! この質問の活用法

「あなたはどう思いますか?」

「多くの人は要求を認められるより話を聴いてもらったほうが満足する」と、第四代チェスターフィールド伯爵、フィリップ・スタンホープが書いている。「あなたはどう思いますか？」という取っておきの質問をして、相手が話を聴いてもらっていると感じられるようにするといい。水門を開いたも同然で、堰《せき》を切ったように情報が入ってくる。

そうなったら、聴くことだ。熱心に、貪欲に、沈黙も聞き逃さず、誠心誠意、耳を傾けよう。

聞きたくないことも聞かなければならないだろう。だが、そのリスクは負わなければならない。進歩の種は不幸な人間に根づくことを思い出そう。耳に痛い意見ほどためになるものである。

［いつこの質問を使うか］

- 苦しい選択を迫られたとき、あるいは、今後の対応を話し合っているとき
- 意見を交換したあと、あるいは、提案をしたあと
- 相談を受けたとき

［この質問のバリエーション］

・「あなたの見解を尊重しています。この件に関するご意見をお聞かせ願えますか？」
・「お考えを聞かせていただけますか？」

【フォローアップの質問】

・「この件に関するあなたの判断の最大の理由はなんですか？」
・「ほかに私が知っておくべきことはないでしょうか？」

4 売り込みがうまくいかないとき

ディーン・ケーメンは並はずれた発明家だ。彼が特許権を持つ発明は一〇〇を超える。インスリン・ポンプ、携帯用人工透析器、電動車椅子のほか、多くの革新的な発明品を世に送り出している。世界でも有数の投資家が資金面の援助をしてきた。ケーメンの輝かしい成功に匹敵する発明家はまずいないだろう。

二〇〇一年一二月、ケーメンは新製品を発表した。本人によれば、全世界で移動手段に革命を起こす発明だ。一〇年前から極秘のうちに開発を進めてきたという。

それがセグウェイ、充電式立ち乗り二輪車である。見込まれる市場は六〇億人。発売前から鳴り物入りで宣伝された。実態が明らかになる前から、『ニューズウィーク』誌は今世紀最大の発明になるだろうと予測した。

ケーメン自身、一年以内に最新式の工場で、週一万台のセグウェイを製造し、約五〇〇〇ドルで売り出す予定だと発表した。『ワイアード』誌によれば、ケーメンは「このハイテク・スーパースクーターを見たら、フェデックスやアメリカン・エキスプレスといった会社の重役は、この移動手段なしにこれまでよくやってこられたものだと思うはずだ」と語ったそうだ。

だが、実際には、週一〇台ほどのセグウェイが出荷されただけだった。一万台にはほど遠い。そして、発売から一〇年間で売れたのは、数千万台という予想を大きく下回った五万台にすぎなかった。

セグウェイは通勤や通学にどんどん使われただろうか？　そういうわけにはいかなかった。車やバスや電車、それに、人間には二本の足がある。電動式立ち乗りスクーターを使う必要は誰も感じなかった。消費者も企業も政府も。

セグウェイは売り込みの決め手となる最初の質問に肯定の答えができなかったのだ。すなわち、

相手はそれによって解消できる大きな問題や状況を抱えているだろうか？

解消する必要がないなら、うまくいかない。

話は変わって、その二五年ほど前の一九七七年四月一七日、ジミー・カーター大統領が全米放映されるテレビ番組に出演した。エネルギー危機に関して熱のこもったスピーチをしたのである。

中東諸国は原油価格を引き上げた。アメリカ合衆国は海外からのエネルギー供給に危険なほど依存していると大統領は言った。そして、国民に犠牲を払って省エネに努めるよう呼びかけた。拳を振りまわしながら、「戦争に相当するモラル上の課題」に挑戦しようと力説したのだ。

エネルギー危機に関するカーター大統領の見解は正しかった。カーター大統領には先見の明があったのだ。しかし、このスピーチのあと、支持率が一気に下がった。大統領のメッセージや訴えは国民に届かなかったのだ。まったく受け入れられなかった。揶揄する人さえいた。なぜだろう？

一九七七年当時、アメリカ人はエネルギー問題に責任を感じていなかった。エネルギー危機を引き起こしたのは海外の原油供給者や大手エネルギー会社や大企業だと考えていた。要するに、自分たちの問題ではなかったのである。

国民が大統領のエネルギー計画を受け入れようとしなかったのは、売り込みの決め手となる第二の質問に肯定の答えができなかったからだ。すなわち、**相手はその問題を自分のこととしてとらえているだろうか？** 相手には行動を起こす力がなければならない。責任を感じていなければならず、組織では、問題に対処する権限を与えられていなければならない。

相手が責任を感じず、問題を自分のこととしてとらえていなかったら、うまくいかない。

さて、また話は変わって、カーター大統領が在任していた一九七〇年代には、ハイファイ革命が全米を席巻しつつあった。トランジスタの開発、マイクロチップの出現によって、新世代のステレオ装置の基礎が築かれたのである。ボーズに代表されるスピーカーメーカーが、高音質のスピーカーを製造し始め、従来とまったく違う音響効果が楽しめるようになった。

消費者はこうした改良を熱狂的に歓迎した。やがて、家庭の居間はもちろんのこと、大学寮の部屋にまで、高音質のターンテーブル、アンプ、スピーカーが鎮座するようになった。その立体的な音響効果は、従来のステレオとはくらべものにならなかった。

今やステレオ愛好者は百パーセント満足できる装置を手に入れたのだった。ついで、4チャンネルステレオという画期的な方式が現れた。二つではなく四つのスピーカーを設置し、それぞれから個別の音が楽しめるのだ。ステレオがコンサート会場にいるような臨場感を提供してくれるとしたら、4チャンネルステレオは、ステージの中央に座って四方で奏でられる演奏を聴いているようだった。それで、どうなったか?

結果的に、4チャンネルステレオは大失敗だった。コストがかかりすぎたのだ。この方式を利用したレコーディングはほどんど行なわれなかった。さらに大きな要因として、消費者がすでに高いレベルにあった既存のステレオ装置に充分満足していたことがあげられるだろう。こうして、4チャンネルステレオ・オーディオシステムは、フォード社のエドセルや3Dメガネと同様、短期間のうちに市場から消えていったのである。

4チャンネルステレオは、売り込みの決め手となる第三の質問に肯定の答えができなかった。すなわち、**相手は現在提供されているもの、あるいは、その改善率に健全な不満を抱いているだろうか?**

不満を抱いていなければ、うまくいかない。

また話は変わる。二〇〇五年のドバイ・ポーツ・ワールドによるイギリスの船舶会社P&Oの買収は、売り込みの決め手となる第四の条件を満たせなかった例である。すなわち、その仕事の適任者として信頼を得られなかったのだ。

一方、ドバイ・ポーツ・ワールドは、アラブ首長国連邦を構成するドバイ首長国の国有企業である。P&Oは、アメリカ国内で二二の主要港の港湾運営を請け負っていた。P&Oはアメリカ企業ではないが、こうした重要な国有資産の運営を任せることに反対するアメリカ人はいなかった。P&Oがイギリス企業であり、イギリスはアメリカにとって信頼できる盟友だからだ。しかし、ドバイ・ポーツ・ワールドとなると、話は別だ。

アメリカの多くの港が、間接的にせよ、中東の政府の管理下に入ってしまうと、政治家たちはいち早く反対の声をあげた。この買収は各方面から猛攻撃を受けた。アメリカ国内にテロリストが潜入してくると不安をあおる噂も広がった。ドバイ・ポーツ・ワールドが港湾運営に当たることになったら、国家安全保障が脅かされると受け取られたのである。合衆国議会は取引を阻止すると発表した。議会にとって、この買収は見過ごすことのできない大事件だったのだ。

こうした激しい反発を受けて、ドバイ・ポーツ・ワールドは最終的に譲歩し、P&Oが行なっていたアメリカ国内での港湾運営をアメリカ企業に売却した。

ドバイ・ポーツ・ワールドは、売り込みの決め手となる第四の質問に肯定の答えができなかったのだ。すなわち、**相手はあなたをその仕事の適任者として信頼するだろうか?** 信頼が得られなければ、うまくいかない。

状況はさまざまでも、なにかを売り込もうとする場合は、必ずこの四つの条件を考えなければならない。企業にサービスを売る場合も、上司に新しい提案をする場合も、同じことだ。

売り込みがうまくいかなかったら、自問してみよう。

相手はそれによって解消できる大きな問題や状況を抱えているだろうか？（問題を感じていないのに、それを解消するために契約を結んだり、必要でもない製品を買ったりする人はいない）

相手はその問題を自分のこととしてとらえているだろうか？（相手には行動を起こす力があるだろうか？　その問題に責任を感じているだろうか？　行動を起こす力もなく、責任も感じていなければ、売り込む対象を間違ったことになる）

相手は現在提供されているもの、あるいは、その改善率に健全な不満を抱いているだろうか？（なにか買うのは、今提供されているモノやサービスと、自分たちが欲しいものとの間に隔たりがあるときだけだ）

相手はあなたをその仕事の適任者として信頼するだろうか？（解消すべき問題があり、問題を自分のこととしてとらえ、行動を起こすことができ、現在提供されているものに健全な不満を抱いていても、相手や相手の会社があなたをその仕事の適任者として信頼できなければ、売り込みはうまくいかないだろう）

なにを売り込むにしても、これら四つの条件を満たしているか考えなければならない。巻末に、こうした四つの質問以外にも、潜在的購入者に問いかけるべき質問を列記しておいた。四つの条件それぞれに対する答えが肯定か否定かを見きわめるのに役立つはずである。

サービスにしろ、製品にしろ、アイデアにしろ、なにかを売り込むには、限りのある時間や資源を費やさなければならない。心して全力を尽くすことである。だが、売り込もうとして力を使い果たす前に、この質問をするといい。「この相手は買う条件が整っているだろうか？」

この質問の活用法

「この相手は買う条件が整っているだろうか？」

こんなぼやきを聞いたことがないだろうか？「手を替え品を替え説得しても、どうにもならなかった。どうしても買うと言ってくれないんだ」

相手が買う気になっていれば、売り込みは楽しい。向こうから手を差し出してくれるのだから。相手もやりとりを楽しむだろう。だが、以下の四つの条件が満たされなければば、製品であれ、サービスであれ、アイデアであれ、売り込むことはできない。

条件1　相手側に解消すべき問題があるか?

次のような質問をするといい。「現在これにどれだけコストがかかっていますか?」、「この問題を解消できなかったら、どうなりますか?」、「この状況にどんな価値があると思いますか?」、「あなたにとって、これは最優先事項ですか?」

条件2　相手は問題を自分のこととらえているか?

次のような質問をするといい。「これは誰の問題ですか?」、「あなたはこの問題を解消する責任がありますか?」、「誰がこの問題にかける支出を承認するのですか?」、「この問題を解決するには誰に参加してもらう必要があるでしょう?」

条件3　相手は現在提供されているもの、あるいは、その改善率に健全な不満を抱いているか?

こう聞くといい。「これに多少いらだちを感じますか、それとも、もううんざりですか?」、「なにが不足していると思いますか?」、「なぜ今なら費用がかかってもよりいいものが欲しいと思うのですか?」、「このことに向けるあなた自身の努力はどの程度効力がありますか?」

条件4　相手はあなたを最善の選択として信頼してくれるか?

以下のような質問をするといい。「ほかにどんな解決策を探していますか?」、「この分野における我々の能力をどう思いますか?」、「我々あるいは我々のやり方に対して、どんな懸念をお持ちでしょうか?」

5 ミッションは重要なのではない。すべてだ

長年コンサルタントをしてきてわかったのは、親身になって話を聞けば、こちらの熱意は必ず通じるということだ。こちらが本気だと信じられないかぎり、相手は心を開いてくれない。

リック・ハーバーと話したときのことだ。ハーバーは年商二〇億ドルの医療機関、ライフ・ヘルスのCEOである。月一回のコーチングのためのミーティングだった。

ライフ・ヘルスは大規模な非営利医療センターだ。同じ地域にある医療機関としては、ほかに聖フランシス病院があるだけだ。ライフ・ヘルスにくらべるとずっと小規模で、富裕層が住む地区にある。

「聖フランシスを買収するためにせっせと根回ししてるんだ」リックは言った。「あそこにはこの地域最大の心臓外科があって、優秀な心臓外科医が何人もいる。ぜひうちに引き抜きたい。うちにない唯一の分野だからね。いざとなったら、病院ごと買収してもいい」

「お気持ちはわかりますよ」私は答えた。「あなたはとても意欲的な人だ。あなたの熱意と努力のおかげで、ライフ・ヘルスはこの都市最大の医療機関になった。ところで」と、私は続けた。「ライフ・ヘルスのミッションをおさらいしたいのですが」

「いいとも。スタッフにいつも言っていることだ。健康維持と疾病予防のためのもっとも有効なプログラムを提供するとともに、できるかぎり低価格で個人を尊重した丁寧な治療を実践する」

私はしばらく黙って、この言葉を反芻する時間をとった。それから、訊いてみた。「この買収はどういう点でライフ・ヘルスのミッション・ステートメントを実現することになるのですか?基本理念に関してはいかがです?」

「それは」リックは口を開いたが、あとが続かなかった。

「私はただ」彼はまた言った。「攻めに出るいいチャンスだと思っただけなんだ。思い立ったら突き進むタイプだから」私ははっとした。「ただ……だけだ」と聞くと、反射的に頭の中でアラームが鳴るのだ(「自分の中だけで完結している人間は器が小さい」というハリー・エマソン・フォスディックの名言を思い出した)。

「どうですか、リック、ミッション・ステートメントのどこに聖フランシス病院の心臓外科を乗っ取るのが基本理念にかなうことだと書いてありますか? 聖フランシスをつぶすことになりますよ。心臓外科がなくなったら、やっていけないでしょう」

「なにが言いたいんだ?」リックは訊いた。

「言いたいわけじゃない。あなたに訊いているのです」

それだけ言うと、私は黙り込んだ。沈黙が続いた。ワールドシリーズで、ビジターチームが初回に八点入れたら、球場がこんな静けさに包まれそうだ。

しばらくして、また言ってみた。「リック、私が訊きたいのは、御社のミッションはなにか、そして、あなたの計画がミッションを実現するのに役立つかです。ライフ・ヘルスが表明していることと矛盾しないでしょうか?」

答えは聞くまでもなかった。リックの顔を見れば明らかだった。聖フランシスの心臓外科買収がライフ・ヘルスのミッションと一致しないことは彼にはわかっていた。そして、心臓外科がなくても、ライフ・ヘルスはこの地域随一の医療機関であることも。

「リック」私は言った。「私たちは知っているはずですよ、大きいのがもっといいわけではなく、もっといいのがいいことだと」

ミッションはすべてである。それこそが重要な目標だ。相手が大きな行動をとろうとしている、あるいは、重要な決定を下そうとしているときには、本来の理念からはずれていないか見きわめなければならない。こう質問するといい。「これはミッションや目標の実現に役立ちますか?」

！この質問の活用法

「これはミッションや目標の実現に役立ちますか?」

ミッションや目標は、私たちがどんな存在か、どんな存在になりたいかを決定する。これは組織にも個人にも当てはまる。だが、軸がぶれてしまうことが少なくない。日々の生活に気をとられて、「木を見て森を見ず」ということになりがちだ。富や成功、権力や名声を望むのは、きわめて人間的なことだからだ。だが、成功や名声は、ほとんどの場合、心の糧とはならない。

［いつこの質問を使うか］

- 相手が基本理念と矛盾することをしようとしたとき
- 相手が新たな方向に多くの時間と資源を投入する決定を下そうとしているとき
- 相手がミッションや目標を真剣に考えているとは思えないとき

［この質問のバリエーション］

- 「御社のミッションと目標を確認させていただけますか？」
- 「これはあなたの価値観や信念と矛盾しないでしょうか？」

［フォローアップの質問］

- 「なぜそうなのですか、なぜそうではないのですか？」
- 「ミッションにかなっていて、考慮に値する別の案や考え方はないでしょうか？」

6 洞窟から抜け出す

想像してみてほしい。あなたは自由を奪われた。もはや太陽の暖かさを感じることはできない。快適な住居も失ってしまった。

そして、完全な闇に包まれた洞窟にいる。湿気は耐えがたいほどだ。温度は常に氷点下。束の間、そういう状況を想像して、詩人のコールリッジが言う「自発的な不信感の停止」、つまり、虚構とわかっていながら信じてしまう心境にひたってみてほしい。

こんな想像だ。あなたは一生この洞窟の中で鎖につながれ、内側の壁を向いている。背後では焚き火が燃えている。焚き火が壁に光を投げかける。鎖につながれているせいで、あなたは振り向いて焚き火を見ることはできない。目の前の壁が見えるだけだ。

来る日も来る日も、あなたは背後の焚き火の前を通りすぎる人や物が壁に映る影を見ている。影は踊り、動きまわる。あなたはそうした影の意味を考えようとする。動きを説明づけ、その影の実体を推測する。そうした影は、暗い洞窟の隅から見ることのできる外の現実にいちばん近いものなのだ。

そんな影だけを見続けていたら、人生からどんな結論を引き出すことになるだろう？　あなたが見ているのは洞窟の壁に映る現実の影で、現実そのものではない。あなたは自分の認識がいかに限られたものか気づいているだろうか？　壁につながれていて、世界でなにが起こっているか、どこまで理解できるというのだろう。

不愉快な話だと感じるだろうか？　それとも、周囲の世界に対する私たちの理解がいかに不確かかを示す的確な比喩と思うだろうか？

古代ギリシアの哲学者、ソクラテスは、これを「洞窟の比喩」として紹介している。この話はプラトンの『国家（対話篇）』の中に出てくる。『対話篇』はプラトンとプラトンの師であるソクラテスとの一連の対話を記した作品だ。ソクラテスによると、哲学者とは洞窟から解放され、現実をあるがままに見られるようになった人間だという。

ある意味で、パワー・クエスチョンは、影ではなく実体としての現実を見るためのツールである。あなたが配偶者から子供にこんなことがあったと聞いたとしよう。それは客観的な描写だろうか？　あるいは、同僚からあなたがあまり知識のない地域にある投資案件の説明を受けたとしよう。同僚の評価はどこまで正確だろう？

いずれの場合も、あなたが実際に見ているのは影にすぎない。つまり、ほかの人が起こったと、あるいは起こるだろうと考えていることに対して、フィルターを通した偏った意見を述べているだけなのだ。

私たちは、根本的には、ソクラテスが比喩に使った洞窟の壁につながれた囚人と変わりはない。フィルターを通して人生を経験しているのである。

ソクラテスは古代ギリシアの哲人だが、パワー・クエスチョンの達人でもあった。説いて聞かせるのではなく、思考を触発する一連の質問を投げかけて弟子たちを教えた。そうすることで、学習過程に引き込んでいった。弟子たちの思い込みを明らかにしていった。こうして、ゆっくりと、だが、着実に問題の核心に近づいていったのである。

ソクラテスはこんな質問で授業を始めた。「徳とはなにか?」あるいは「善とはなにか?」私たちはこうした言葉をしょっちゅう使っている。だが、本当はどういう意味かよくわかっていない。現在、世界中の多くの大学で、授業にこの「ソクラテス・メソッド」が採用されている。そのもっとも有名な例がハーバード・ビジネススクールだろう。

ソクラテス自身がこの方式を端的に説明している。「人間の卓越性の最たるものは、自分と他者に問いかけることである」

ソクラテスはアテナイ社会や政府を声高に批判した。そのせいで支配階級を攻撃したとされ、ついに死刑を言い渡された。抗《あらが》うこともなく、ソクラテスは毒ニンジンの杯を口にした。やがて毒がまわって死に至り、歴史上最高の哲学者のひとりという評判が残った。

ソクラテスは、よく引用される自身の言葉「吟味されない人生は生きる価値がない」をみずから体現したのだった。

ソクラテス・メソッドは日々の仕事や私生活に効果的に採り入れることができる。では、どうすれば、よりソクラテス的になれるだろう？　まずは、話をするにあたって、意見を述べたり断言したり命令したりするのではなく、問いかけから始めるといい。

以下の例を考えてみよう。

「顧客サービスを向上させなければならない」と言う代わりに「現在の顧客サービスレベルをどう評価しますか？」あるいは「当社のサービスは顧客維持にどの程度影響をおよぼしているだろう？」と訊くようにする。

「この夏中に仕事を見つけなかったら、小遣いをあげるのはやめにする」と言う代わりに「この夏はなにをしたいと思っている？」あるいは「職探しはうまくいきそう？　どういう仕事を探しているの？」と訊くようにする。

「すぐかっとなる君の性格にはうんざりだ」と言う代わりに「怒りを爆発させると、身近な人たちとの関係にどんな影響が出ると思う？」と訊くようにする。

次に、誰もがあたりまえだと思っていることについて**根本的な質問をする。**おそらく、訊かれた人はびっくりするだろう。

たとえば、誰かが「イノベーションを進めなければならない」と言ったら、「あなたにとってイノベーションとはなにか説明してもらえますか?」と訊いてみるといい。チームワークの強化が必要だと言われたら、「チームワークという言葉をあなたはどういう意味で使っているのですか?」と訊くといいだろう。

ワーク・ライフ・バランスを実現したいと友人が言ったら、「あなたにとってワーク・ライフ・バランスとはなんですか?」と訊いてみよう。「あの男は信頼できない」と言う人がいたら、「なぜですか? この場合、あなたにとって信頼とはなんでしょう?」と訊いてみるといい。

こうした質問がきっかけとなって、会話は内容の濃いものとなり、相手はごく自然に深く考えるようになる。あなたは賢明な導き手――自分の意見を押しつけるのではなく、知らず知らずのうちに正しい方向に導いてくれる指導者という評判を博すだろう。

> ソクラテスの考え方を採り入れて、洞窟から抜け出そう! 思い込みに疑問を投げかけよう。ほかの人があたりまえだと思っている言葉の定義を問い直そう。質問を活用して、周囲の人を探求と発見のわくわくする旅に送り出そうではないか。

ソクラテス・アプローチの活用法

ソクラテスの考え方を採り入れたら、ほとんどすべての状況で、会話のやりとりが変わるはずだ。以下は参考のための比較である。

従来は……

意見を述べる
その道の専門家になる
知識を共有する
言葉の意味を決めてかかる
解決法を指示する
自分の賢明さを示す
分析する

今後は……

相手を考えさせる質問をする
相手の専門知識を引き出す
相手の経験を引き出す手助けをする
言葉の意味について質問する
解決法を相手に求める
相手の賢明さを示す
総合的に考え、全貌を見る

「人間のすることに揺ぎないことなどない。したがって、うまくいっているときは極度の高揚を、逆境では極度の落胆を避けることだ」

——ソクラテス　469-399B.C.

7 初めから始める

「ジェイは借金するはめになったんだ。私には出資できる金は一銭もなかった」

リッチ・デヴォスと「1913」で昼食をとっているときのことだった。この店はミシガン州グランド・ラピッズでいちばん洗練されたレストランで、ニューヨークの高級店にひけをとらない。リッチはお気に入りのランチ、チリコンカンを食べていた。お代わりまでして。

最高のサービスを受けたが、それも当然だろう。リッチはこのレストランのオーナーなのだ。正確に言えば、レストランが入っているホテルのオーナーだ。ほかにも道路をはさんでグランド・ラピッズのダウンタウン寄りに数ブロック進んだところにあるマリオット・ホテルも所有している。

リッチのような人物にはお目にかかったことがない。謙虚で、心が広く、筋金入りの愛国者だ。しかも、相手を触発するような話をする人で、聞いていると、思わず椅子から飛び上がって拍手喝采したくなる。

リッチは着想の人だ。その人生は独創と成功の連続である。

いいや、もうひとつ忘れていた。フォーブスの企業番付で、会社の純資産は数十億ドルと評された。これは「B」ランクだ。

リッチには共同創設者がいる。ハイスクール時代からの友人で軍隊でも一緒だったジェイ・ヴァン・アンデルだ。二人は不思議な絆で結ばれている。引退したあとでも、毎日連絡を取り合っているという。

現在、二人が創設したアムウェイは、年商二〇〇億ドル。世界八〇ヵ国に三〇〇万の販売代理店がある。

リッチの着想のすばらしさに話を戻そう。彼が三〇分間、熱のこもったプレゼンテーションをするのを聞いたことがある。その場で、アムウェイの代理店になりたくなった！　リッチの最大の誇りは、たくさんの人を富豪にしたことだ。その数は数百にのぼるという。

「リッチ」私は言った。「あなたが成し遂げたことは本当にすばらしい。いったい、どんなふうに始めたのですか？」

「初めから始めよ」と、ハートのキングはアリスに言った。「そして、終わりになるまで続けよ」と。

これから書くことは夢物語のようだが、現実にあった話だ。

「ジェイも私も大学に行く時間がなかった。起業家《アントレプレナー》をめざしたんだ。といっても、当時はその言葉の意味がわかっていたとは思えないがね。

除隊したあと、二人で事業を始めたいと思った。それこそアメリカンドリームだと信じていたからね。

最初はチャーター機の会社をつくった。だが、まったくうまくいかなかった。さて、次はなにをしようかと考えた」

（人間は体験から学び、過ちが体験となることを思い出した。ウィンストン・チャーチルも、成功とは失敗を重ねても情熱を失わないことだと言っている）

「チャーター機で失敗した直後に、ジェイがニュートリライトのことを聞き込んだ。栄養補助食品だ。調べてみた。そして、これなら代理店になれそうだと判断した。

販売促進セットとサンプルを買うところから始めようと思った。それには五〇ドル必要だった。だが、二人ともそんな金はない。事業を始めるためにジェイは五〇ドル借金するはめになったんだ。私には出資できる金は一銭もなかった。

それでも、数年経つと、なんとか回るようになった。最終的には、五〇〇〇のニュートリライトの販売代理店を傘下に持つに至った。そうなると、もっと幅広い商品を扱いたくなってね。一九五九年にはアメリカン・ウェイ・アソシエーションを創設した。のちにアムウェイと名前を変えた。私たちのようなやり方をする人間はいなかったよ」

リッチはアムウェイの成長を語り続けた。単なる販売会社というだけでなく、ライフスタイルのひとつとなった。意欲があって人一倍働けば、どんな経歴の人でも成功をおさめられるのである。

リッチとは三時間近く昼食のテーブルを囲んだ。だが、彼が会社を興したときの話がいちばん印象に残った。私がリッチにした質問**「どんなふうに始めたのですか?」**のおかげで、感動的な未知の旅に出ることができたのだった。

私は同じこと(どんなふうに始めたのですか?)をメアリー・ケイ・コスメティックスの創設者であるメアリー・ケイ・アッシュにも訊いたことがある。メアリーの場合は、シングルマザーで、幼い息子を養っていくために手っ取り早い方法を見つけなければならなかった。

また、ディスカウントストア・チェーン、ダラー・ジェネラルの創設者、カル・ターナーは、ブルーマー(女性の体操着に使われるブルーマー)を売ることから始めたという。こうした話は枚挙にいとまがない。

リッチ・デヴォスについていえば、独創性は生まれ持ったものだった。企業人として、リッチは至福の時をすごすことができたのだ。

「どんなふうに始めたのですか?」と訊かれると、どんな著名人でも、絶大な権力や富を持つ人でも、つい語りたくなるようだ。だが、この質問はどんな人にも通用する。友人でも、同僚でも、出会ったばかりの人にでも。これがきっかけとなって語られる話は、わくわくするほど興味深いものだろう。

ハートのキングの格言に従うことだ。初めから始めよう。「どんなふうに始めたのですか？」という質問は、あなたを未知の世界に誘い、その世界では金塊のような情報が掘り出されるのを待っているはずだ。

「どんなふうに始めたのですか？」と訊くと、相手は胸襟《きょうきん》を開き、夢中になって自分のことを話してくれる。

！ この質問の活用法

「どんなふうに始めたのですか？」

数多い質問のなかで、この質問のすばらしいところは、聞き手も語り手も喜びや情熱やインスピレーションを感じることができる点だ。「どんなふうに始めたのですか？」は、たくさんの輝かしい物語を引き出してくれる。そのどれもが尊く、喜びに（そして、その過程で、悲しみに）満ちている。そして、多くの場合、笑いにも。

この質問をすると、ユーモアと好奇心を持って人生を生きてきた人々と出会える。彼らは守りに入ることなく、進んで勝負に出る。慎重に木の幹にとどまるのではなく、枝の先まで進むことを恐れない。そこに果実があるのを知っているからだ。

この質問は、一見平凡に見えることが実は非凡なことだと気づかせてくれる。友人や同僚、出会ったばかりの人も、実はそれぞれが大切な物語を持っている。職業を選んだきっかけ、配偶者とのなれそめ、ロサンジェルスに旅行して、結局そこに落ち着くことになったいきさつ。こうした話は、語る側と聞く側の間に絆をつくってくれるだろう。

［いつこの質問を使うか］

- 特に制限はない。今の仕事を始めた事情や、そのほか人生のどんなことでも、そのきっかけを教えてもらいたいとき

［この質問のバリエーション］

- カップルに：「お二人が出会って一緒になったきっかけはなんですか？」
- 芸術家や音楽家に：「どなたに師事したのですか？　どうやってテクニックを習得したのですか？」

・一般に：「子供時代はどこですごされたのですか？　○○になったきっかけは？」

【フォローアップの質問】

・「なぜその当時、そうしようと決心したのですか？」
・「これまでいちばん身にしみた人生の教訓はなんですか？」
・「もしもそれが○○に終わっていたとしたら、どうなったと思いますか？」

8 やり直す

「君は助言してるんじゃない」彼は言った。「勝手な意見を吹き込んでいるだけだ」その顔に笑みはなかった。

アラン・ファボードと彼の母校への寄付について話し合っていたときのことだ。それまでのアランの話からも、過去に行なった寄付からも、出身大学に強い愛着を抱いているのはわかっていた。大口の寄付をするだけの資力があることも。そして、私が承知していることを彼もわかっているはずなのに！

彼の愛校心の強さをよく知っていたから、私はすぐその話に入ったのだ。挨拶もそこそこに話を切り出した。

「アラン、あなたが母校に並々ならぬ思いを寄せているのは知っています。卒業した工学部に一〇〇万ドル寄付したらどうですか。工学部には思い入れがあるし、最近は毎年寄付してきたでしょう」

話の腰を折られたのはそのときだった。目の前に野球のミットのような大きな手が突きつけられた。

「入ってくるなり、どういうことだ、一〇〇万ドル寄付しろなんて。しかも、工学部に思い入れがあると決め込んで」

アメリカ先住民のチェロキー族には、戦闘に赴く前に使う決まり文句がある。「死ぬにはいい日だ」まさにそのときの私の心境だった。実際、戦闘が終わり、担架で運び出される自分の姿が目に浮かぶようだった。私はアランの顔を見つめて深いため息をついた。

「自分でもどうしてこんなまねをしたのか信じられませんよ、アラン」(私はなにを考えていたのだろう？　親密な関係を築くのに時間がかかるのはわかっている。そうした関係が築けて初めて、相手の動機を蝶がふんわり舞い降りるように探り始められるものなのに)。「申し訳ないことをしました、アラン。あなたのことをよく知っているつもりで、先走りしてしまった。考えがたりませんでした。許してください」

そう言うと、ブリーフケースとコートをつかんでドアに向かった。別れの挨拶もしなかった。そのままドアを閉めて外に出た。

二〇秒ほど時間をおいて、ドアをノックした。そして、細めに開けた。

「やあ、アラン、少し話ができますか？　どうしても話したいことがあるんです、大学のことで。

きっと興味を持っていただけるでしょう」そう言ってから、また続けた。「ちなみに、もう一度最初からやり直してもかまいませんか?」アランは笑顔になると、黙ってうなずいた。

それから、私は最初からそうすべきだったことを始めた。雑談しながら、反応を観察し、質問したのだ。なによりもアランに話をさせるように仕向けた。こうして、慎重に鍵を鍵穴に差し込もうとした。

その結果、彼から多くのことを聞き出した。それとなく探りを入れると、アランは工学部に寄付するつもりはまったくなかった。それよりも、演劇部のカリキュラムに関心があったのだ。彼はこう言った。「妻以外に誰も知らないと思うが、実は、入学したときは演劇を専攻していたんだ。役者になりたかった。幸い、工学部に転部して、へぼ役者を世に送り出さずにすんだがね。寄付すると言ったからにはするつもりだ。君が急に出ていく前に言い出した途方もない金額についてもっと話したかったんだ」

私たちはじっくり話し合った。

やがて、彼は言った。「これで、僕たちが話し合った演劇部のカリキュラムのことはわかってくれただろう(実際には、話したのはもっぱら彼で、私は時折口をはさんで質問しただけだった)。二年待ってくれたら、一〇〇万ドル寄付できると思う」

私は見当違いのことをしていたのだった。

言い出しにくいかもしれないが、会話を最初からやり直すのは、勇気のある大胆な戦略である。これは仕事上の相手にも家族にも適用できる。出だしでつまずいたら、訊いてみることだ。「最初からやり直してもかまいませんか？」

！この質問の活用法

「最初からやり直してもかまいませんか？」

注意してほしいのは、相手の反応もうかがわず適切な質問もしないで、いきなり頼んだりしないこと。泳げない人を深みに突き落とすようなものだ。相手は浮き上がってこないかもしれないし、あなたを水中に引きずり込むかもしれない。

人間は過ちを許すことができる。そして、内容のある話がしたいと思っている。「最初からやり直してもかまいませんか？」と訊くことで、相手は警戒を解いて笑顔になってくれるだろう。そうなれば、もう一度始めるのが楽になる。

［いつこの質問を使うか］

- 会話が最初からかみ合わないとき
- 友人や家族と感情的で不毛な口論になったとき

［この質問のバリエーション］

- 「出だしでつまずいてしまいました。もう一度始めてもかまいませんか？　この問題をきちんと認識していませんでした」
- 「この件はちょっと置いておきましょうか。本当に話し合うべきことはなんでしょう？」

［フォローアップの質問］

- 「ありがとう。ひとつ訊いてもいいですか？」
- 「やり直したいとお願いしたのは、あれは私の失言だったからです。もう一度チャンスをいただけますか？」

9 理由がわかれば克服できないものはない

私はもう一度、職務記述書を読んだ。いったいどういうことだ！　どこからこんなことを思いついたのだろう？

マンハッタンの高層ビルのなかでもいちばん高い建物の最上階で、私は長い会議テーブルについていた。会議は再開されたばかりだった。出席者は、世界中でもっとも経験豊富な一八人の銀行家。いずれも超一流のグローバル金融機関の上級管理職だ。

彼らが動かす融資額は莫大な数字にのぼる。経済情勢を変えてしまうような買収計画に資金を提供している。数十億ドルがあっという間に世界を回るのだ。この銀行の総収入、収益、株価は、このエリート集団の営業成績にかかっている。

だが、彼らは行きづまっていた。行内の官僚主義に悩まされ、株主からは資本収益率を上げろと圧力がかかる。しかも、日々の動きをすべて記録する計測システムで常に監視されている。顧客企業に長期投資をしたくても、体制上それができない。

私の役目は、彼らに役割を再認識してもらい、商品指向型ではなく、顧客中心型の経営に転換させることだ。実力者ぞろいの一八人は、顧客中心主義という新しい時代の到来を告げるにふさわしい人々だった。

パワーポイントで体裁よく作成したスライドのいちばん上には、彼らの基本理念が掲げられていた。タイトルは「当社のミッション」。極大化、整合性、採算性、多面的といった言葉が並んでいる。しかし、彼らが掲げる基本理念は、顧客中心主義に徹しているとは思えなかった。「顧客第一」と言っても、それは感謝祭には七面鳥が「第一」と言うようなものだった。あからさまな言い方をすれば、以下のようになるだろう。

当社のミッションは、できるかぎり頻繁に、当行のすべてのサービスを主要顧客に売ることである。

これではなんの魅力も特徴もない。

そもそも、この第一級の一八人の銀行家たちが抱く情熱にそぐわない。彼らは日々顧客に奉仕する一方で、顧客の利益を第一に考える誠実なアドバイザーの役割も果たしているのだ。

「方法を訊ねる人間は、骨身を惜しまずせっせと働きます」私は言った。「いい管理職になるでしょう。しかし、理由を訊ねる人間はそれ以上の存在になれる。管理するだけでなく、リードする立場に立てるのです」

私は出席者に顔を向けた。「では、始めましょうか？」全員がうなずいた。

「まずみなさんのミッションと役割について話しましょう。ひとつ質問があります。**あなたはなぜ今の仕事をしているのですか？**」

私は待った。質問を繰り返すことも、説明を加えることもしなかった。彼らにはわかりきった内容だからだ。

それでも、誰も発言しなかった。

やがて、ゆっくりと、何人かがうなずいた。なるほどというように笑みを浮かべている人もいた。

「なかなかいい質問だ」ひとりが言った。

私は周囲を見まわした。ようやく、突破口が開けそうだ。順番に発言してもらうことにした。彼らは自分の役割がいかに重要か熱心に語り始めた。顧客企業が発展したり、顧客が成功したりするのを間近で見ることが、どんなに大きな喜びか語った。

「私がこの仕事をしているのは、クライアントを大きく変えることができるからだ」ひとりが言った。

「私は影響をおよぼすのがうれしい」ほかのひとりが言った。

「この仕事は銀行業務のなかで最高だ。いちばん大変だが、いちばんやりがいがある」

「私は空母の甲板に立って、手助けできるチャンスはないかと水平線を眺めているような気がする」

「私は常にクライアントのことを考えている」

「クライアントとの関係では、最終的な責任は私にあるし、実際、その責任を取ってきた」

「クライアントとの間に個人的で緊密な関係ができるのがなによりうれしい」

私は笑顔で聞いていた。会議室は働く「理由」を熱っぽく語る彼らの気迫で活気を帯びてきた。その気迫を肌で感じた。そして、このグローバル企業の官僚主義の壁を乗り越える方法がやっとわかった。反射的に、フリードリヒ・ニーチェの名言が頭に浮かんだ。「生きる『理由』がある人は、たいていの『生き方』に耐えられる」

二〇分後、新しいミッションのおおもとが決まった。より多くの商品を売り、「高い収益率」をめざすのではなく、顧客がいちばん重要な目標を達成できるよう手助けすることを基本としていた。そのために彼らが属する組織ならではの力を発揮する。意欲的で特徴のあるミッションだった。

会議室の空気は一変した。社内会議や延々と続く報告といった旧態依然としたやり方は一掃された。こうして、本来の仕事ができる喜びと活気を取り戻せたのである。

組織での役割をはっきりさせたいとき、目的意識や誇りを取り戻したいとき、あるいは、相手の原動力がなにか知りたいとき、こう訊くといい。「あなたはなぜ今の仕事をしているのですか?」

この質問の活用法

「あなたはなぜ今の仕事をしているのですか?」

私たちはさまざまな理由から活動している。だが、「こうあらねばならない」を前面に出すと、喜びや刺激はすぐ失われてしまう。「こうあらねばならない」という姿勢と情熱は結びつかない。そして、その姿勢から刺激を感じることもないだろう。

一方、仕事や活動をする真の理由がわかると、情熱や活力や興奮を見出すことができる。

[いつこの質問を使うか]

- 相手にとってなにが動機となり原動力となるか知りたいとき
- 仕事に迷いを抱いている人を励ましたいとき

［この質問のバリエーション］

- 「あなたの仕事／あなたの活動で、いちばん面白いことはなんですか？　そして、それはなぜですか？」
- 「仕事に関していちばん情熱を感じるのはどんなことですか？　私生活ではどうでしょう？　そして、その理由は？」

［フォローアップの質問］

- 「なぜそのことにとりわけ情熱をそそられるのですか？」
- 「満足が得られないのはなぜでしょう？」
- 「どうすればもっと充実感が得られるでしょう？」

10 秘密

コーンパイプを吸っている人を見たことがおありだろうか？　たぶん、答えはノーだろう。コーンパイプがどんなものかご存じだろうか？　それにも否定の答えが返ってきそうだ。アラン・G・ハッセンフェルドは、コーンパイプの愛飲者だ。もっと高いパイプが買えないからではない。では、この大企業経営者にして慈善家、さらには、世界各地を訪れている旅行家を紹介しよう。

元ロードアイランド州知事のブルース・サンドランが、私に言ったことがある。「アランほどこの州で絶大な影響力を持つ人物はいない。我が州が誇る最高のリーダーだ」。当時、アランが州内最大の企業のCEOだったからというわけではない。もっとも、それもひとつの要因ではあっただろうが。

「彼には見習いたいことばかりだ」州知事は言った。「みずからお手本を示してくれるのだからね。州のためにも、信仰するユダヤ教のためにも、さまざまな活動に加わっている」

アランは四一歳で、祖父が創設した会社のＣＥＯになった。玩具やゲームのメーカー、ハスブロである。

アランのリーダーシップの下で、ハスブロは大飛躍を遂げた。年商は四〇億ドルに達し（玩具やゲームでこれだけの売上をあげるのは並たいていのことではない）、業界で並ぶものがいなくなった。『フォーチュン』誌はハスブロを国内企業上位一〇〇社に格付けした。

数年前、アランは第一線を退いて会長となった。私は同社の経営理念に感銘を受けた。「我々は成功すると心に決めている」だ。アラン自身、それを信条として生きていた。

彼とはそれまでにも何度も会っていたが、その夜はマンハッタンのハーバード・クラブでゆったりとディナーを楽しんだ。話が弾んだ。

「あなたの在任中にハスブロの収益は倍増しましたね。ＣＥＯとして数々の難局や難題をどうやって切り抜けてきたのですか？」

「私には自分でつくった格言があるんだ」と、アランは言った。「私の処世訓だよ。『難題はソフトクリームに似ている。早くかたづけないと、大変なことになる』」（私にも似たような自作の格言がある。「勝者はティーバッグに似ている。煮え湯を飲まされて威力を発揮する」）

アランはほかにもいくつか自作の格言を披露してくれた。どれも面白かった。

「人生で大成功をおさめたわけですね」私はアランに言った。「企業経営者として全米であまねく知られている。ユダヤ人社会では、国内外を問わず、その名が轟《とどろ》いている。そして、ロードアイランドのもっとも重要なスポークスマンのひとりだ。あちこちの大学から名誉博士号も贈られている。そんなあなたにとって、**これまででいちばんやりがいがあったのはなんですか？**」

この質問をアランにぶつけたのは初めてだった。いくら頭の回転の速いアランでも、答えるまでに考える時間が必要だろうと思っていた。だが、そうではなかった。

「それははっきりしている」アランは答えた。「（プロビデンスにある）ハスブロ小児病院だよ。一族で資金を出してつくった病院だ。治療を受けた子供たちの顔を見て、感謝してくれる親たちと言葉を交わしたら、それまで人生でしてきたことはすべて色あせて見えるんだ。

最高にうれしいのはなんだと思う？　クリスマスに病室をまわってプレゼントを配るときだ。これより大切なことがあるだろうか？　これより大きな喜びを与えてくれることがあるだろうか？」アランは生き生きした口調できっぱり言った。

私の質問がきっかけとなって、ハーバード大学と、ロードアイランド州スミスフィールドにあるブライアント大学で、リーダーシップ奨学金制度の後援をしていると教えてくれた。ほかにも、スーダン、ハイチ、アフガニスタン、タイ、イスラエルで、水道の敷設や貧困撲滅のために多額の寄付をしている。

アランは恵まれた人だ。人生で大切なことをすべて実現したように見える。多くの人に手を差し伸べ、学ぶことで夢をかなえ、さらに向上する機会を提供している。

私はひとつ質問しただけだが、アランは話し続けてくれた。教えられるところがたくさんあった。私は時の経つのも忘れて聞き入った。

そのあとで思いがけないことが起こった。それも私の質問がきっかけだった。アランが秘密を打ち明けてくれたのだ。

「話しておきたいことがあるんだ」アランは言った。「だが、秘密を厳守してもらいたい。数週間後には公表する予定だが、今のところ知っているのは二、三人と君だけだ」

アランは身を乗り出して声を潜めた。そして、誰にも聞かれていないのを確かめた。

「マンハッタンで、総額一億ドルにのぼるプロジェクトを進めることになった。マンハッタンだけでなく全米で大きな話題になるだろう。有益で魅力的なプロジェクトだ。考えただけでわくわくするよ」

私はアランに「これまででいちばんやりがいがあったのはなんですか?」と訊いた。この質問が、それまで私が知らなかったアランの新しい一面を見せてくれた。この質問は豊かな鉱脈に通じる坑道だったのだ。この質問に興味を抱いたからこそ、本来なら私が知ることのできない極秘情報を教えてくれたのだろう。

この質問を友人や同僚や家族にしてみるといい。「これまでいちばんやりがいがあったことはなんですか?」と訊いてみよう。そして、静かに耳を傾ける。宝石のような貴重な話がいっぱい聞けるだろう。

! この質問の活用法

「これまでいちばんやりがいがあったことはなんですか?」

やりがいは達成感や幸福とは一味違う。夢や希望をかなえたとき、私たちはやりがいを感じる。深い充足感に包まれ、しみじみとした満足を覚えるのだ。

いちばんやりがいがあったことを訊くと、必ずその人にとって特別の出来事にたどりつく。くつろいで夕食を共にしたときや、親密な夜をすごしたときのように、そこから強い絆が生まれるはずだ。

[いつこの質問を使うか]

・職場の同僚や仕事関係の人ともっと個人的なつながりを築きたいとき
・友人や家族の誰かのことをもっと知りたいとき

［この質問のバリエーション］

・「これまでいちばん満足感を感じたのはどんなときですか？」
・「これまでいちばん充実した○○（人とのつながり、経験、仕事など）はなんですか？」
・「どんな体験があなたの人生にいちばん強く影響していますか？」

［フォローアップの質問］

・「そのことをもっと話してください。特にどんな点に充足感を感じましたか？」
・「ほかに同じぐらい深い満足を覚えたことはありませんか？」

11 これはあなたにできるベストですか？

一九八三年末、アップル・コンピュータは、マッキントッシュの発表を目前に控えていた。その革新的な特色——片手で操作できるマウス、グラフィカルユーザーインタフェースなど——は、その後何十年間もパーソナル・コンピュータの世界をリードすることになる。

当時を振り返ってみよう。

スティーブ・ジョブズは、自社の革新的な新製品を鳴り物入りで紹介するのが大好きだった。劇的効果を狙う彼の感覚に太刀打ちできる人間はいないだろう。文字通りドラムを打ち鳴らし、トランペットが新時代の到来を告げるといったものだ。

一九八四年の第一八回スーパーボウルを思い出していただきたい。出場した選手を覚えている人はほとんどいないだろう。得点となると、ますますおぼつかない。

だが、あのゲームを観た人は、アップルのコマーシャルを決して忘れないはずだ。トレーニングウエア姿の女性が講堂に駆け込んでくる。講堂は無気力な作業員風の人々で満員だ。巨大なスクリーンには演説中の独裁者の顔が映っている。女性はそのスクリーンに大ハンマーを投げつける。このコマーシャルがつくられたのは三〇年近く前だ。ありとあらゆる賞を獲得した。そのビデオは知る人ぞ知る存在となり、いまだに熱狂的な反響を呼んでいる。

新製品とコマーシャルを世に送り出す何ヵ月も前から、アップル本社ではスタッフが猛烈な勢いで働いていた。徹夜が続き、昼食も作業台ですませた。スティーブ・ジョブズは厳しい表情で廊下を歩きまわった。

「まだ改善できる。もっともっと」製品開発担当者に発破をかけた。

ジョブズは常にアップルの製品が別格であることを求めた。「発狂するほど凄い」製品をつくるというジョブズの情熱は、二度にわたる長いCEO在任期間中、容赦のない原動力となった。きわめて異例なことだが、ジョブズはひとつではなく五つの分野で革命を起こした。デスクトップ・コンピュータ、音楽、携帯電話、小売業、さらにはアニメーション（ピクサーを通して）にまで手を広げたのである。

ある日こんなことがあったという。ジョブズはマッキントッシュ開発の主任エンジニアの作業場を訪ねた。「立ち上げてくれ」ジョブズは命じた。エンジニアのデスクの上にあった、まもなく革命的なデスクトップ・コンピュータとなる製品の試作品を起動するように、というのだ。起動するまで数分かかった。メモリをテストし、OSを初期化するといったスタートアップタスクが必要だったからだ。

「もっと早く立ち上がるようにしろ」そう言うと、ジョブズは出て行った。

数週間後、コンピュータの効率を上げるために懸命の努力をしたエンジニアは、ついに起動時間をいくらか短縮できたことを誇らしげにジョブズに披露した。

「これが君にできるベストなのか?」ジョブズはそう訊くと、背を向けてさっさと出て行った。

何日も徹夜で作業した結果、マッキントッシュ・チームはさらに数秒短縮することに成功した。ふたたびジョブズに見せたが、ジョブズはまだ満足しなかった。だが、スタッフを一喝しようとはせず、遠くを見るような目で試作品を眺めた。無言のまま物思いにふけっていた。エンジニアが起動時間をさらに改善する可能性のある方法を説明し始めると、ジョブズは話をさえぎった。

「こんなことを考えていたんだ」興奮した声で言った。「何人の人がマッキントッシュを使ってくれるだろう? 一〇〇万人? いや、二、三年後には、五〇〇万人が少なくとも毎日一度はマッキントッシュを立ち上げるようになるはずだ。仮に起動時間を一〇秒短縮できたとしよう。それにユーザー数の五〇〇万をかけると、たった一日で五〇〇〇万秒になる。それが一年続けば、何十人もの人間の一生だ。つまり、もし起動時間を一〇秒速くできたら、少なくとも十人以上の一生分を節約できる」

最後にジョブズはこう言った。「だから、あと一〇秒短縮するのは価値のあることなんだ」

スタッフには不可能に思えた。それでも、マッキントッシュ・チームのエンジニアたちは、世界中の人に数十億秒の無駄な時間をかけずにすむというジョブズの熱望に触発された。いや、正確には、押し切られたというべきだろう。また気合を入れ直し、数日後にはさらに一〇秒短縮することに成功した。

スティーブ・ジョブズは二〇一一年一〇月五日に五六歳で亡くなった。ジョブズの比類のない意欲と革新力は、アップルを世界でもっとも価値あるテクノロジー企業に発展させた。ジョブズのおかげで、「これはあなたにできるベストですか?」という質問は、アップルの企業文化に浸透している。

あなたの職場で何人の人が本当に自分のベストを尽くしているだろうか?

さて、話は変わって、マッキントッシュ発売の一一年前のこと。当時の国務長官ヘンリー・キッシンジャーは、受話器を取り上げて、特別補佐官のウィンストン・ロードをオフィスに呼んだ。ロードはきわめて聡明な人物だ。のちに中国大使をつとめ、下院議員にもなっている。そのときのキッシンジャーの依頼は、簡単な日常業務のようなものだった。大統領に提出する外交政策報告書の作成である。ロードは上司が部下にベストを要求するのは知っていたが、まさかあれほど大変なことになるとは思ってもいなかったという。

(おそらくロードは、キッシンジャーがハーバードの学部生だったときに書いた優れた論文「歴史の意味」が、三七七ページにおよぶものだったことを忘れていたのだろう)

以下はロードの回想だ。

外交政策に関する報告書をうまくまとめて、その草稿をキッシンジャーに提出した。翌日、彼は私を呼んで言った。「これは君にできるベストなのか?」と。それで、「ヘンリー、私は自分ではそう思っていますが、もう一度やってみます」。二、三日後にもう一度草稿を提出した。その翌日、また彼に呼ばれて、「本当にこれは君にできるベストなのか?」と念を押された。私は「その自信はありました。もう一度やってみます」と答えた。結局、それが八回続いた。八回も書き直したんだ。提出するたびに、彼は「これは君にできるベストなのか?」と繰り返した。だから、九回目に提出し、その翌日呼ばれて同じ質問をされたとき、私はついに怒りを爆発させた。「ヘンリー、さんざん知恵を絞ったんです。これは九回目ですよ。自分にできるベストだと確信しています。これ以上一語たりとも変えられません」そう言うと、彼は私の顔を見て答えた。「そういうことなら、これを読むことにしよう」

キッシンジャーは厳しい上司だった。だが、彼の下で働いた人々が人生で最高のすばらしい仕事をしたのは間違いない。それも不思議はない。彼らは超一流のチームだったのである。しかし、なにより大きいのはキッシンジャーの訓戒だった。「これは君にできるベストなのか?」

この質問はパワー・クエスチョンのなかでも別格である。むやみに使わないようご注意を。気をつけないと、相手を怒らせてしまう場合もある。上手に使ってほしい。上手に使えば、本人がとうてい不可能だと思っていたことを達成する手助けをすることになるだろう。

誰かに能力を最大限に発揮してほしいとき――考えうるかぎり最高の仕事をしてほしいとき、こう訊くといい。「これはあなたにできるベストですか?」

！この質問の活用法

「これはあなたにできるベストですか?」

この質問は、本当にこう訊くのが望ましいと思えるときにだけ使うこと。全力を尽くして、限界まで努力してほしい相手にしか使ってはいけない。

私たちはベストを尽くすべきときに、ほどほどのところで妥協しがちだ。ほどほどは偉大さの敵である。グレシャムの法則「悪貨は良貨を駆逐する」と同じだ。いい加減な顧客サービスをしておいて、なぜマーケットシェアが下がったのだろうと首をひねる会社。学生時代はほどほどにすごしていたのに、卒業すると、割のいい仕事につきたがる学生。

無気力が蔓延している。

この質問をされると、相手は高みをめざそうと奮い立ち、自分にできるベストとはなにか考えるだろう。

【いつこの質問を使うか】

- 職場で部下に課せられた仕事やプロジェクトを完成させたいとき
- 子供にがんばって次の段階に進んでほしいとき
- なによりも、あなたがなにかに取り組んでいるとき——レポートを書いたり、提案依頼書に返事を書いたり、会社に提出するビジョン・ステートメントの用意をしたり、ガーデニングをしているときでも——自分に問いかけてみよう。「これは私にできるベストだろうか?」

【この質問のバリエーション】

- 「まだ改善できる余地はないだろうか?」
- 「どうすればもっとよくなるだろう?」

［フォローアップの質問］

- 「なぜそこでやめるのですか？」
- 「これがあなたのベストだと胸を張って言えますか？」
- 「これのいちばんいい点はどこだろう？　どこを改善できるだろう？」

12 ゴリラの砂投げ

私の宝物のひとつにリチャード・コーヌエルの署名入りの献本がある。タイトルは『アメリカンドリームの復活』（オバマ大統領は、このタイトルを好んで引用する）。「よき友へ、敬愛をこめて」とあり、「ディック」と署名してある。光栄の至りだ。だが、私に気を遣ってくれたのだ。私たちはよき友というよりは、仕事上の親しい友人だった。この違いはおわかりだろう。

私はこの本から――そして、著者から――大きな影響を受けた。この本は全米でセンセーションを巻き起こし、数週間連続して『ニューヨーク・タイムズ』のベストセラーリストの第一位となった。はつらつとしたエネルギーにあふれ、アメリカンドリームの復活を大胆に宣言している。アメリカ人を発奮させる内容だった。

当時私は、従来のように政府機関から奨学金を受けるのではなく、民間銀行から大学生を対象とした融資を受けるプロジェクトに関わっていた。ディック・コーヌエルはその先頭に立って活動していた。コーヌエルと働いていると、日々、戦闘ラッパに駆り立てられているような気分になったものだ。

コーヌエルは最近亡くなった。天に向かってまっすぐ伸びた大木のような人だった。出版された当時、彼の著書はいくぶん衝撃的だった。だが、今では多くのアメリカ人にとって新たな教義となっている。

この本は政府出資に依存した社会改善計画に警鐘を鳴らし、腐敗につながる恐れがあると主張している。政府は望ましい結果や最小限の介入、最大限の出資を保証するが、それは口約束にすぎないというのだ（私は「悪魔は人好きのする姿になれる」という『ハムレット』のセリフを思い出した）。

それに代わるものとして、民間ボランティアによる非営利団体の役割を重視した。コーヌエルの本は個人の責任に関する大憲章《マグナカルタ》――世俗的な教典となった。

独立セクターという言葉はコーヌエルの造語である。コーヌエルは政府の介入なしに差し迫った社会問題に取り組む方法を示した。こうした考え方は以前からあったが、それを革命的に進化させたのだ。

コーヌエルはアレクシ・ド・トクヴィルを好んで引用した。ある日、彼のオフィスにいたとき、丸めた紙の束を取り出して、アメリカ合衆国には政府に介入させることなく問題を解決する優れた力があるというトクヴィルの著書の一節を読んでくれたことがある。

民間銀行による大学生を対象とした教育ローンは大成功だった。短期間のうちに四〇〇以上の銀行が参加してくれた。人生の大きな喜びのひとつは、周囲から不可能だと言われた取り組みを達成することである。

次に、コーヌエルは恵まれない人々に住宅を提供する運動を始めた。達成できると固く信じていた。あれほど毅然とした態度はコーヌエルにしか取れなかっただろう。最強のメソジスト教徒のように確信にあふれていた。

「返事が聞きたい」ある日、コーヌエルが私に言った。「今すぐ」

私にそのプロジェクトに専従してほしいというのだった。

「一緒にやってくれるのか、くれないのか。イエスかノーか知りたい」コーヌエルはまっすぐ相手の目を見る人で、心の底まで見透かされるようだった。

ひとつ困った問題があった。コーヌエルを敬愛し、コーヌエルの人生哲学に心酔してはいた。だが、ちょうど別の仕事の打診があって、それを受けるとなると、引越さなければならなかったし、大学院での研究もあった。私は迷った。

私の返事はあとでお教えしよう。その前に「ゴリラの砂投げ」について話したい。聞いたことがおありだろうか。

二頭の雄のゴリラが闘うとき、どちらも精いっぱい力を誇示しようとする。相手のまわりを何度も何度も回るのだ。

回りながら、足元の砂をすくい上げて相手に投げつけるから、あたりにはもうもうと土埃が立ち込める。これが「ゴリラの砂投げ」である。決定的なことは起こらない。ゴリラたちは相手のまわりを回っているだけだ。

コーヌエルの質問は、答えを求める問いかけだった。イエスかノーかが知りたいのだ。「ゴリラの砂投げ」ではない。猛スピードで突っ走るバスの乗車券が欲しいかどうか訊いたのだ。

単刀直入な質問をしても、相手が「ゴリラの砂投げ」を始める場合がよくある。相手は直接的な返事をしたがらない。歯切れの悪い返事を繰り返すだけだ。

話に乗る気があるのかどうか、イエスかノーか、それとも「ゴリラの砂投げ」を続けたいだけなのか、決定するのはあなたである。明確な反応を引き出すには、肯定か否定かでしか答えられない質問をするしかない。

決定するのは今なのだ。

私はこの小さな政府の伝道者に返事をしなければならなかった。コーヌエルと一緒に次の冒険に乗り出すか、それとも、飽き足りないが無難な人生を送るか?

「もちろんイエスです。どこまでもあなたについていきますよ、ディック」

もしコーヌエルが「この新しいベンチャーに参加することを考えてみてくれないか」と言っていたら、どうなっただろう。あるいは、「この新しい取り組みに加わってもらえる可能性はあるだろうか?」と質問をしていたら。なごやかなやりとりになっただろうが、私はその場で決断しなかったはずだ。

コーヌエルが求めていたのは、なごやかなやりとりではなかった。「イエスかノーか」知りたかったのだ。したがって、状況によっては、イエスかノーでしか答えられない質問をぶつける必要があるわけだ。

コーヌエルは輝かしい人生を送った。コーヌエルが誇りを持って「独立」という名前をつけた組織の地道で実践的な活動によって、アメリカ人は物心両面で恩恵を受けている。

断定的な答えを期待したいなら、肯定か否定かで答えなければならない質問をすべきだ。「イエスですか ノーですか?」と訊くといい。

この質問の活用法

「イエスですか、ノーですか?」

提案に対して確約を取りたいとき、あるいは責任を持ってやり遂げてくれるか確かめたいとき、質問の仕方はいろいろある。「○○に関してどう思いますか?」といったソフトな表現もある。だが、逡巡の余地のないときもある。

率直で直接的な答えをしてほしかったら、肯定か否定で答えなければならない質問をするのがいい。「イエスですか、ノーですか?」と。適切な状況で意図的に使えば、この質問は訊く側にとって強力で頼もしい味方になる。

【いつこの質問を使うか】

- 相手が本当にやる気があるかどうか確かめたいとき
- 相手の疑問やためらいをはっきりさせたいとき

【この質問のバリエーション】

- 「責任を持ってこれに取り組めますか?」
- 「参画できますか、どうですか?」
- 「今、決断できますか?」

【フォローアップの質問】

- 「これに関していちばん興味をそそられる点はどこですか？」
- 「最大の懸念、あるいは危惧はなんですか？」

13 決まり文句は禁物

「オフィスから叩き出してやったよ」

「えっ？」

多国籍企業の北米支社のCEOであるフレッドと話していたときのことだ。かつてフレッドは世界でも最大級の銀行で最高情報責任者（CIO）をつとめていた。長年のうちにフレッドを訪ねてきた営業担当者は数知れない。

「ためしに社名をあげてみるといい」フレッドは言った。「ゴールドマン・サックス、IBM、アクセンチュア、マッキンゼー、EDS、そして、東海岸から西海岸に至るまで、全米の証券業者。誰も彼もなにか売り込もうとした」

フレッドは頭の切れる手ごわい相手で、愚かな人間には容赦がない。だが、訪ねてきた相手をオフィスから叩き出すところは想像できなかった。

「文字通り叩き出したんですか？　冗談でしょう？」

「冗談なんかじゃない」フレッドは言った。「またあの質問をしたんだ」

「あの質問とは？」

「夜中にふと目覚めて不安になるのはどんなことですか、だ」

フレッドは首を振りながら続けた。「間の抜けた質問だよ。手垢のついた陳腐な表現だ。しかも、怠慢じゃないか。怠慢な営業には我慢できないんだ。一時期は、営業担当者も銀行家もコンサルタントも、みんなこの質問をしたよ。集団で自滅行動を取るレミングさながらに。例外なく訊くんだ、『夜中にふと目覚めて不安になるのはどんなことですか？』

こう訊けば、私が――催眠術にかかったように――今抱えている難題をいそいそと語りだすとでも思っていたんだろう。そして、そうなったら、すかさず『ああ、それには打ってつけの解決策があります』と切り出すつもりで。そういう連中にはさっさとお引取り願うしかない」

「あなたにはその手は通用しないというわけですか？」私は訊いた（たいていの人に通用しないのはわかっていたが、フレッドの考えを知りたかったのだ）。

「そういうことだ。誰にも通用しないさ。どうかな、もう一杯コーヒーを飲みながら説明しようか。本当に頭のいい人間はどんな質問をするか教えてあげよう」

フレッドの秘書が淹《い》れたてのコーヒーを運んでくれた。デスクをはさんで向かい合っていた私たちは、ソファとコーヒーテーブルと座り心地のいい椅子のある一画に移動した。そして、ゆったりと腰を落ち着けた。

私は自分の幸運が信じられなかった。一四歳の子供に戻って、葉巻をくゆらせ、コニャックをちびちびやりながら、大富豪になるための人生訓を語るモートン伯父さんの話に耳を傾けているような気がした。だが、実際には、世界一の指導者から、トップ経営陣に初めて売り込みに行くときの心構えを伝授されたのだった。

アイザック・ニュートンは、科学的な大発見に触れて、「私が人より物事がよく見えるのは、巨人の肩の上に立っているからだ」と言った。この表現を借りると、私はフレッドに背負われているのだ。このままずっと背負われていたいと思った。

「理由を説明しよう」フレッドは言った。「『夜中にふと目覚めて不安になるのはどんなことですか?』という質問が間が抜けている理由を。第一に、これは特定の相手に向けた質問ではない。ちゃんと下調べしてきたとは——相手の会社を調べて、どんな問題があるか研究してきたとは思えない。なんの準備もなくてもできる質問だ。だから、怠慢だというんだ」

私はせっせとメモを取った。

「第二に、よく知らない相手に本心を明かす人間はいない。本心を探り出すには、まず信頼関係を築いて、信用できるか確かめなければならない。当然だろう。考えればわかることだ。会ったばかりの営業担当者に私が腹の中の懸念や心配を打ち明けると思うか? 冗談じゃない。

第三に、CEOやトップ経営陣を相手にするには——これがいちばん大事な点だが——この質問には問題がある。私のような立場の人間は、もっぱら会社の成長と革新に責任を負っているが、運営上の問題には関わっていない。運営上の問題に携わるのは執行役員だ。要するに、私のような役員は会社を成長させ革新するために雇われているわけだ。『夜中にふと目覚めて不安になるのはどんなことですか？』と訊かれても答えられない」
「それなら、頭のいい人はどんな質問をするんですか？」
「会うからには双方が満足できる結果をもたらさなければいけない。それには準備が必要だ。当社の年次報告書を読み、インターネットで情報を集め、私のスピーチ集を読むこと。インタビューを受けているビデオを見て、アナリスト・レポートを研究する。オフィスに入ってくる前に私の戦略や優先事項を調べておくことだ。

だが——これがなにより重要だが——向かい合うなり私の悩みを聞き出そうとしてはだめだ。自信を持って、だが、控え目な態度を取ること。それとなく水を向けたり、探りを入れたりするのはかまわないが、部屋に入ったとたんに、私がどんな問題を抱えているか訊いてはいけない。

優秀な営業担当者は間接的な質問をして、予備知識があることを示す。たとえば、こんな質問をする。『フレッド、御社の最大の競合先である二社の合併をどうとらえていますか？』、あるいは『先月ニューヨークで開かれた株主総会で、興味深い発言をなさいましたね。アジア市場への進出は、御社の財務管理やリスクマネジメントにどのような影響をおよぼすでしょう？』

先日、当社の株主総会召集通知書を丹念に読んで、役員報酬について気の利いた質問をした女性がいた。複数の選択肢がある理由を知りたがってね。楽しい議論になったよ。適切な質問をして、それとなく探りを入れてきた。私がなにを心配しているか、どんな人材活用体制をつくって離職を防ぐための戦略をとっているか、よく研究していた。現在のコンサルタントに満足しているから、彼女に仕事を与えるつもりはなかったが、話の持っていき方が実にうまかった。いずれ、彼女の会社にプロジェクトを任せることになるだろう。

要するに、充分な知識と経験があることをさりげなく伝える質問をすればいいんだ。当社の競合他社をどう評価するか、業界の動きをどう見るか、自分の意見を言うといい。私を話に引き込むことだ。そうすれば、こちらも口が軽くなる。そこまで持っていったら、もう少し踏み込んでもいい。

たとえば、こんなふうに。『これまでうかがったなかで――x、y、zのなかで――どの懸案を優先したいとお考えですか？　どれがいちばんの難題だと思いますか？』」

フレッドの話はそこで終わった。私はうれしくてたまらなかった。たった一時間で、営業職のための上級コース一学期分の授業を受けたのである。

「とても有益なお話でしたよ、フレッド。コーヒーをごちそうさまでした」

「私も楽しかったよ。ちなみに、君はとても聞き上手だね。またいつでも電話してくれ」

実力のある人は進んで周囲の人間に力を貸したがるものだ。人助けが好きなのだ。クライアントや同僚にアドバイスを求めると、相手が気をよくしてくれて、関係がうまくいく場合がある。

もちろん、学ぶところも多い。

企業リーダーが抱えている問題を理解したかったら、「夜中にふと目覚めて不安になるのはどんなことですか？」などと陳腐な質問をしてはいけない。相手がなにより重要だと思っていることを話題にして話に引き込むことである。時事問題について質問するといい。将来の展望を話題にするのもいいだろう。

参考になりそうな質問をいくつかあげてみよう。

- 「御社で今後の成長が見込まれるのはどの分野でしょう？」
- 「もし○○なら（新たな競合が現れたら、安価な輸入品が増えたら、自由化が進んだら）、御社の現在の戦略はどう変わるでしょう？」
- 「追加資源があったら、どの分野に投資しますか？」
- 「前進するには切り捨てることも必要だといいます。後退や撤退を考えている分野はありますか？」
- 「なぜこれほどの成功をおさめることができたのですか？　今後、そのアプローチは変わるでしょうか？」
- 「目標を達成するためには組織力や経営力のどの点を強化する必要があるでしょう？」
- 「会社の将来を考えたとき、最大の期待はなんですか？　そして、最大の懸念は？」

「夜中にふと目覚めて不安になるのはどんなことですか？」といった陳腐な質問は禁物である。将来について、知識に裏づけられた質問をしよう。相手の心をつかむ質問、相手の抱負や優先事項、周囲の世界をどう見るかについて訊こう。

！陳腐な質問の例

「想定外だったことはなんですか？」

新たな地位についたり、めざましい経験をしたりした人によくこの質問が向けられる。だが、これに対して率直であると同時に建設的な答えはあり得ない。なにかが想定外だったと答えたら、その方面には素人で、自分のすることがわかっていなかったことになる。想定外のことなどなかったと言うと、自己満足した鈍感な人間と受け取られかねない。ルイス・アンド・クラーク大学の学長に就任したバリー・グラスナーが、『ウォールストリート・ジャーナル』で、このことを次のように述べている。

学長に就任して七ヵ月の間、「想定外だったことはなんですか？」と訊かれるたびに一〇〇〇ドル受け取っていたら、装備のいいレクサスを買えただろう。これは究極の愚問だ。なんと答えても落とし穴がある。

それよりもこんなふうに訊いてほしい。「最初の半年でいちばん力を入れたのはなんですか？」、あるいは「この仕事について長期的な計画を立てられましたか？」

「まだお訊きしていないことはありますか？」

ある有名なマーケティングの専門家は、営業訪問を打ち切る切り札として、この質問を使っている。この、質問に関する質問は、相手を見込み客ではなく、セールスの指南役にしようという魂胆の表れだ。要するに、こう言っているようなものである。「実は、我々は同じ側の人間なんですよ……優秀な営業担当者になる方法をアドバイスしてください！」これは「夜中にふと目覚めて不安になるのはどんなことですか？」と同様、使い古された表現である。

こうした表現はほかにもたくさんある。「三度イエスと言わせておいて訊く」式の質問で、避けなければいけない。

それよりこんな質問のほうが望ましい。「この件に関連して、まだ議論していない問題はないでしょうか?」、あるいは「この問題をもっとよく知るために、お会いしたほうがいい方がほかにいらっしゃるでしょうか?」

14 夢を奪われないで

二〇年以上、ベン・サンプソンは週六〇時間働いてきた。出世街道を突っ走り、より高い地位につき、より大きな責任と権限を手に入れてきた。

ベン・サンプソンという名前には馴染みがないかもしれないが、彼のような人間はあなたのまわりにもいるはずだ。妻のリズは、二人の子供を育てるために仕事をやめた。引越しを数回繰り返し、思春期の子供たちに次々と降りかかる問題を乗り越えて、家族を支えてきた。

もうすぐ子供たちは大学進学のために家を離れる。

ベンとリズは大学院で知り合った。卒業後は二人とも望んだ仕事につけた。ベンはメーカーに就職し、リズは大手銀行に勤めた。

五年後にリズは子供を持つために仕事をやめた。その後、有給の仕事についたことはないが、二人の幼児を抱えたリズの労働時間は、夫が会社ですごす時間よりも長かった。

子育てには数えきれないほどの仕事がある。始業時間は朝の六時（その前に子供に起こされなければだが、子供はよく夜中に目を覚ます）。年一回の学校のオークション。六年生の担任の補助をボランティアでつとめ、子供を音楽教室に通わせ、家庭教師の手配をする。放課後は、スポーツクラブに送り迎えしなければならない。

少なくとも月に一度は夫とともに、本社に出張してきた重役を夕食の席で接待した。

リズの女友達の多くは仕事を続けていた。なかには心ないことを言う友達もいた。「いつ仕事に復帰するの？」という質問はまだいい。だが、「いつになったら本当に働くつもり？」と言われるとつらかった。

それでも、母親として子供たちとすごす時間がたくさんあるのはありがたいと思っていた。たしかに、いろいろな計画や考えていることもあるけれど、実現を先に延ばすのは苦ではなかった。

一二月初めのある晩、ベンはいつものように遅くまで働いてオフィスを出た。通勤電車に揺られながら、ふと二人の娘はもうすぐ大人になるのだと思った。

娘達が家を出たら、妻と二人きりの生活はどうなるだろう。

最近、親しい同僚が苦い離婚を経験していた。ベンは離婚の原因が知りたくなった。そして、その後の同僚の気持ちも。

「なにがあったんだ？」ある晩、ベンは近くのカフェでワインを飲みながら同僚に訊いてみた。

「妻の不満が爆発したんだ。結婚したのにちっとも結婚している気がしないと言って。自分だけずっと家にいて、僕が仕事ばかりしているのも不満だった」

ベンは自分の妻が不満を募らせているとは思わなかった。だが、よく考えてみると……そう言い切れる自信がなくなった。そんなことは話題にしたこともなかった。

ベンの同僚は結婚生活が破綻したことに深い痛手を負っていた。カフェを出ると、彼はベンに言った。「一度リズに訊いてみたほうがいいぞ、子供たちから手が離れたらなにがしたいか。妻は最後にこう言ったよ。『あなたはいつも自分の夢ばかり追っていて、私の夢がなにか一度も訊いてくれなかった』」

偉大な芸術家や指導者は決して夢を捨てないが、私たちはおうおうにして夢を諦める。H・D・ソローは「夢はその人の人格の試金石である」と言った。ゴッホは友人にこう言った。「僕は自分の絵を夢に見て、夢を描く」

通勤電車の中で、ベンは同僚の言葉をしみじみ考えた。彼の言うとおりだ。リズとは一度もそんな話をしたことがない。リズがどんな夢を持っているか考えたことがないし、それを言うなら、自分の夢も考えたことがない。たしかに仕事は好きだが、このまま走り続けてどうなるのだろうと思うことがあった。

その夜、遅い夕食をとりながら、ベンはリズの顔を見ながら、ぽつりと訊いた。

「君の夢はなんだい、リズ?」

「今なんて言ったの?」

「いや……君がどんな夢を持っているか知りたいと思って。また大学に戻って、学位を取りたいと言ってたね。覚えてるだろう？」

リズはうつむいて皿を見つめていたが、顔を上げたときには目に涙が浮かんでいた。

「一度も……これまで一度もそんなこと訊いてくれなかったわね」リズは言った。二人はテーブルについたまま二時間話し合った。リズは堰《せき》を切ったように夢や希望や不安を語った。夫はもっぱら聞き役にまわった。二人が寝室に入ったのは一二時近くになってからだった。

人との関係は、それがあたりまえだと思うと、どんどん希薄になっていく。表面的な関係になってはいけない！　配偶者やパートナーに新婚のときのように接しよう。古いクライアントを新規顧客のように扱おう。友達には一年ぶりで会ったかのように挨拶しよう。この簡単な質問、**「あなたの夢はなんですか？」**を使えば、相手のことを気にかけていて、その人の長年の憧れを実現する手助けをしたがっていることを伝えられる。

日常生活の煩雑さに気をとられて、私たちは夢を追うことを忘れがちだ。友人や愛する人と夢を分かち合おう。「あなたの夢はなんですか？」と訊くことで。

！この質問の活用法

「あなたの夢はなんですか？」

これは拍子抜けするほど簡単な質問だが、大きな効力を持っている。それでも、大半の人はこう訊こうとしない。立ち入った質問だと感じるからだろう。答えを聞くのがこわいのかもしれない。だが、誰でも夢を持ちたいし、誰にでも夢はあるはずだ。夢を語り合うことは、相手にとってもすばらしい時間となるだろう。

［いつこの質問を使うか］

- 愛する人や友人との絆を深めたいとき
- 希望や念願を思い出してもらいたいとき

［この質問のバリエーション］

- 「これまでできなかったことで、一生のうちにしてみたいことはなんですか？」
- 「なんの制約もないとしたら——子供のことも、お金や配偶者の仕事も考慮しなくていいとしたら、なにがしたいですか？」

［フォローアップの質問］

- 「そうできたら、なににいちばんやりがいを感じるでしょう？」
- 「どうすれば実現できるでしょう？」
- 「障害となっているのはなんですか？」

15 沈黙が最善の答えとなるとき

「できるだけ早く電話してもらえませんか。相談したいことがある」

教会の一一時の礼拝のあと、見送りの列に並んでいたときのことだった。牧師のトム・スーエルが、私の腕をつかんで耳打ちした。私は教会の評議会の会長をつとめていて、トムとは親しい間柄だった。

月曜日の朝一番に電話した。心当たりはまったくなかった。実のところ、私は最悪の事態も予想していた。

その翌日、私は書棚に囲まれたトムのオフィスに座っていた。なにか大きな悩みがあるのはわかった。こんなトムを見るのは初めてだった。

「転任の打診があったんです」トムは言った。「四週間前の日曜日に礼拝を欠席したのを覚えているでしょう。実は、ニューヨークの教会に招かれて説教してきました。それがテストだったようで。この宗派で最大の由緒ある教会です。そこの主任牧師にと言われました。宗派全体としても大変重要な地位です」

「たいしたものだ」私は言った。「でも、意外ではありませんよ。あなたがいらしてから、この教会の信者は三倍になったし、みんなあなたを敬愛している。なによりも、あなたは会衆に説くことをみずから実践している。それで、受けることにしたんですか？」

「問題はそこです」トムは言った。「どうしていいかわからない。ナンシーはここを離れたくないと言っています。もちろん、私が決心したら、どこにでもついてきてくれるでしょうが。子供たちも反対です。親しい友達もいるし、年齢からいっても、転校したくないでしょうからね」

「それで、私はなにをすればいいのでしょう？」

それだけ言って、私はトムのジレンマを想像した。問題がきわめて個人的な選択で、選択肢があなたにとってつらいものである場合は、じっくり考えて相手が本当はどうしたいのか推察するのがいちばんだ。

私はプラス・マイナス方式をとることにした。紙の真ん中に線を引いて、片側に有利な点を、反対側に不利な点を列挙するのである。

そして、質問を始めた。有利な点はたくさんあった。報酬、立派な牧師館、今の四倍の会衆、常勤の秘書、七人のスタッフ。

もう一方の項目はそれより長くなった。まず、ナンシーがここを離れたくないこと。上の二人の子供はハイスクールに通っている――テッドはバスケットボールチームのレギュラーで、フランはクラス委員長だ。それに、トムがニューヨークをあまり好きでないこともわかった。マイナス要因はさらに続いた。向こうに行ったら、すべての時間を説教に費やすことになる。今のように信徒たちと個人的なつき合いはできない。

向こうに行けば、教会の代表になることはできても、信徒の魂を導くことはできないだろう。なによりも、ここの教会は大々的な運動を始めたばかりだ。トムはこんな大切な時期にここを離れるのを心配していた。不安材料はまだまだ続いた。

数時間、私はトムが話すのを聞いていた。

最後に長い沈黙が続いた。ベネディクト会が戒律として守っているような深い長い沈黙だった。やがて、私は静かに訊いた。「それでは、トム、あなたが数え上げたことから判断して、あなたにとって正しい決断はなんだと思いますか?」

トムは椅子から飛び上がって、私に抱きついた。「君が答えを教えてくれたよ。もう迷いはない。ここに残ります」

実際には、私は答えを教えたわけではない。トムが自分で見つけたのだ。私の頭の中では、『ロッキー』のテーマ曲が勝利の歌のように流れていた。

それが三年前のことだ。トムはあのときの決断を後悔することなく、充実した日々を送っている。信者の数はその後も増え続け、トムの説教はそれまでにも増して興味深く有益なものとなり、近々、子供のころ日曜学校に通っていた信者の結婚式を執り行なうことになっている。トムは今の生活に心から満足している。

助言する必要のないときがあるものだ。実際、そういう場合は助言してはいけない。相手が自分自身で答えを見つけるように仕向ければ、作家のヴァージニア・ウルフが言ったように、「存在と輝きの瞬間として、一瞬のひらめきのうちに真実が認識される特別の時間」が訪れるだろう。

きわめて個人的な選択の場合、「あなたにとって正しい決断はなんだと思いますか？」と訊くといい。そして、口をつぐむ。沈黙を破ろうとしてはいけない。相手が正しい答えを見つけるまで待つこと。

！この質問の活用法

「あなたにとって正しい決断はなんだと思いますか？」

一七世紀のスペインに生きたイエズス会司祭、バルタサール・グラシアンは、信頼できる助言者として、王や王妃、裕福な貴族たちの相談役をつとめた。現在でもよく知られている著書『処世神託』の中で、彼はこう書いている。「王子に助言するときは、ご本人が忘れていたことを思い出していただくという形をとるようにして、王子に見えない光を指摘してはいけない」

場合によっては、あなたがなすべきことは、相手が自分の心を見つめ、自分の決断を認める手助けをすることで、特定の方向に押しやることではない。

【いつこの質問を使うか】

- 選択肢が限られているとき（二者択一で決心がつかないときは、理論的に分析しても無駄だろう）
- 決断がきわめて個人的なもので、しかも、愛する人たちに影響する可能性があるとき（新しい町への引越しが子供におよぼす影響を数字で表すことはできない。心で理解するしかないのだ）

【この質問のバリエーション】

- 「心情的にはどう思いますか？」
- 「ご家族（配偶者、子供たち、愛する人たち）にはどんな影響があるでしょう？」

・「この二つの選択肢のどちらかを選んだとして――どちらを選んだ場合でも――二年後になにを後悔すると思いますか?」

【フォローアップの質問】

・「あなたにとって決定要因はなんですか?」
・「これを乗り越えると、どんな道が開けますか?」

16 最良の師

その会社の株価はじりじりと下がっていた。かろうじて持ちこたえている状態で、無風帯で帆をあげている帆船さながらだった（赤道の近くの無風帯では、何週間も続けて風が吹かず、帆船は進むことができない）。

株価が上がらないかぎり、役員が持っているストックオプションはなんの価値もない。最悪の場合は、敵対的買収の対象となる可能性もある。そうなったら、会社は身ぐるみ剥がされ、資産は中世の戦利品のように略奪されるだろう。

それで、私たちコンサルタントに現状を調べて救済戦略を立てるようにという依頼があったのだ。徹底的な真相究明が求められた。

最高のアナリストを集めてチームを組んだ。ロンドン・ビジネススクールの著名な財政学の教授に協力も頼んだ。

診断結果は明らかだった。この会社の株を買った投資家はもっと高い収益を――少なくとも現在よりは高い収益を期待していた。つまり、株主資本コストのほうが株主資本利益率より高いわけである。その主たる要因は、小売店部門が高額のリース契約を結んでいる上に、製品ラインが弱く、売上が伸び悩んでいることだった。

救済には特効薬が必要だった。おそらく、それは口に苦い薬だろう。

私たちは最先端の知識を駆使して報告書を作成した。最新の資本市場理論と分析モデルを採用した。図やグラフをふんだんに使い、ノルマンディー上陸作戦に比肩できるほど緻密な文書を作成した。一七二ページもあった。

この徹底した完璧な中間報告書に私たちは満足した。文句のつけようがないはずだ。

しかし、この報告書を発表した最初の会議はさんざんな結果に終わった。ヘルムート・フォン・モルトケ元帥の名言を思い出すべきだった。「どんな戦闘計画を立てても、敵に遭ったらそのとおりにはいかない」

会議は本社の広い会議室で行なわれた。私はプレゼンテーションを始めた。とたんに小売店部門の重役が、私たちの分析にことごとく異議を唱え始めた。縄張りを死守しようとする廃品置場の野良犬さながらに反撃した。こちらの結論を見越して、独自に雇ったエコノミストに私たちが示した分析モデルの仮定を論破させた。まったくの不意打ちだった。

「どうやら」ＣＥＯのトレバーがその場をおさめるように言った。「意見の相違を解決するにはもう少し時間がかかりそうだな」

私たちは会議室を出た。報告書は来るときよりずっと重く感じられた。

オフィスに戻ってから、私たちはなんとか立ち直ろうとした。上司のジェームズ・ケリーは私たちの反省会を黙って聞いていた。ジェームズは私のコンサルティング会社の創設者だ。問題の解決に当たらせたら、私が知るかぎり彼の右に出る者はない。静かな流れは底が深いという諺があるが、まさにそんな人物だ。最初の二〇分は、もっぱらあれほど研究して到達した結論を受け入れようとしないクライアント批判が続いた（わかりきったことじゃないか。どうしてわからないんだ？）。

それまで黙っていたジェームズが、私の顔を見て訊いた。「君はなにを学んできた？」

私たちは顔を見合わせ、それから視線を泳がせた。ジェームズと目を合わせたくなかったのだ。

「そうですね」私は答えた。「小売店部門の重役ともっと話し合うべきでした」

「同感だ」ジェームズは言った。「ほかには？　相手を動かすという点はどうだ？」

「数字だけではうまくいきませんね。彼らには仕事に深い思い入れがある。感情に動かされるんです。切り口を変えていかないと——合理的で、かつ、感情に訴えなければ、説得できません」

ジェームズはうなずいた。「それから、駆け引きも忘れてはいけない。合理的であること、感情に訴えること、駆け引きができること。この三つが大切だ。顧客関係管理についてはなにを学んだ？」

「ＣＥＯのトレバーに注意を集中しすぎていました。あれほど経営陣の意見を重視しているとは知らなかった。クライアントはひとりではない。ほかの経営陣と信頼関係を築く必要性を軽視していました」

ジェームズはまたうなずいた。「そうだな。ああ――最後にもうひとつ。プレゼンテーションの準備に関して学んだことは？」

私は力ない笑みを浮かべた。ジェームズには座右の銘がある。私たちにも繰り返し教えてくれた。**常にクライアントに前もって結論を伝えておくこと。**会議に出席する経営陣がひとり残らずこれから発表することのブリーフィングを受けていると確かめないかぎり、会議室に入ってはならない。彼らがどこまで理解しているか常に前もって確認しておくこと。

（ちなみに、このアドバイスは重要人物との面談に例外なく当てはまる。クライアントとの会議でも、会社の幹部に重大な提案をするときでも、このアドバイスに従うといい）

「忘れていました」私は認めた。「あらかじめ報告書を見てもらうこと。ちゃんと目を通してもらうことです」

三ヵ月後、トレバーは退任した。取締役会は若いＣＥＯを就任させて、苦戦している会社を託した。

新しいＣＥＯのリチャード・アーリーは敏腕家だ。徹底したやり方で、すでに大企業二社の経営を立て直した実績があった。

アーリーの就任後まもなく、私は短時間の打ち合わせをして、あの分析結果を渡しておいた。例の一七二ページの報告書である。

その一週間後、アーリーの秘書から電話があった。「お手数ですが、報告書の役員用要約版をいただきたいそうです」なにが欲しいのかと私は聞き返した。「結論を最初に書いた一ページの要約と、一七二ページの分析結果との中間ぐらいのものが欲しいとのことです」私はデスクの上の一七二ページの報告書を見て、顔をしかめた。そして、張り切って仕事にとりかかった。私の得意とする仕事だ。

それから数日、せっせと要約に取り組んだ。不眠不休で働いた。単なる要約ではなく、明確で大胆で魅力的な声明書をめざした。

こうして、ようやく一七二ページを五ページまで縮めて、新しいCEOに送った。五ページだが、パンチの効いた内容で、わかりやすく、説得力があった。

だが、数週間経っても、なんの連絡もなかった。私はこのクライアントとの取引を諦めかけていた。

一ヵ月後、リチャード・アーリーから直接電話をもらった。珍しいことだ。このCEOは直接電話をかけたりしない。たいてい、五人いる秘書の誰かにかけさせる。

「要約をありがとう」アーリーは言った。「これでやっと君たちがなにを言いたかったかわかったよ。君がくれた分厚い報告書を読んでも、よくわからなかった。だが、今はよくわかる。我々に必要な答えを提供してくれている。実は、君の要約をすでに取締役会に回したんだ。あれなら取締役も納得するだろう。来週来てもらえないか？　金曜日なら時間が取れる。次にとるべき方法について相談したい」

有頂天になって、私はジェームズのオフィスに駆け込んで、このうれしい知らせを伝えた。あのＣＥＯが直接電話をくれたんです！　ジェームズは満足そうにうなずいた。

「それで、君は今回のことからなにを学んだ？」ジェームズはまた訊いた。祝福の言葉などまったくない。「なにを学んだ？」としか言わないのだ。

「ＣＥＯに一〇〇回スライドを見せても、コミュニケーションは図れません。彼らは凝縮した短い資料から手っ取り早く情報を収集するのです」

「そういうことだ」ジェームズは言った。「ほかには？」私はまた考えた。

「トップ経営陣は方法論には興味がない」

「そのとおり。彼らが興味を持つのは、相手が信頼できるかだ。この仕事を任せてだいじょうぶか？　トップクラスの人間か？　常にこちらの利益を優先してくれるか？　ところで」とジェームズは続けた。「信頼に関してはどんなことを学んだ？」

「分析や専門知識をいくら提供しても信頼関係は築けない」私は言った。「必要なのは、クライアントとじかに話し合うことです。そして、リチャード・アーリーの場合は、彼の就任後すぐに」

「ほかには？」

私はあれほど誇らしく感じた一七二ページの報告書のことを考えていた。五ページに短縮したおかげで、あのCEOが仕事をくれたことを。

「ときには少ないほどいいこともあるんじゃないでしょうか」私はルイ・アームストロングの言葉を思い出していた。「音楽をつくり出すのは音符じゃない――音符と音符の間の空間だ」

ジェームズはゆっくりと満面の笑みを浮かべて私を見た。私はどちらがうれしいのかわからなかった――新しいCEOからの電話か、ジェームズの笑顔か。

大きな教訓となった忘れられない出来事である。苦い経験は最高の教育というのが私の持論だが、ときにはその月謝は高くつく。

挫折は最良の教師だが、成功もまたしかりである。偉大な経営学者ピーター・ドラッカーはこう書いている。「効果的な行動のあとは静かに内省するといい。静かな内省から、さらに効果的な行動が生まれるだろう」

私たちは次から次へと行動に駆り立てられ、立ち止まって自己を省みることがめったにない。経験を最大限に活用してもらいたかったら、その人にこう言うといい。「あなたはなにを学びましたか?」

ⓘ この質問の活用法

「あなたはなにを学びましたか？」

意外かもしれないが、私たちは経験から学ぶことが少ない。社会科学の研究がそのことを繰り返し実証している。私たちは、成功すると自分の能力や努力の賜物と考え、失敗すると他人のせいにしたり、自分ではどうしようもない環境のせいにしたりする。ウディ・アレンは「責めるべき人を見つけられないとしたら、それは探し方が悪い」と皮肉な発言をしている。

米国陸軍は、体験から学ぶ組織的な体制を整えている数少ない組織だ。「演習後の評価」は、訓練活動と同じく陸軍では不可欠である。司令官は容赦なく率直な評価をする。ただ「あなたはなにを学びましたか？」と訊くのではなく、「○○についてなにを学びましたか？」と訊くといい。おそらく、他人を動かしたり信頼を築いたりする方法や、組織内での駆け引きを学ぶことができるだろう。

［いつこの質問を使うか］

- 体験や出来事を誰かと分かち合いたいとき
- 会議やインタビューや面談のあと
- 人に助言したり人を指導したりするとき

【この質問のバリエーション】

- 「その体験でいちばん心に残っているのはなんですか?」
- 「○○（人間、信頼、人間性、原動力、計画など）について、なにを学びましたか?」

【フォローアップの質問】

- 「それはどんなときでも当てはまると思いますか?　それとも、その状況が特殊だったのでしょうか?」
- 「もっとそのことについて話してもらえませんか?」

17 堰を切ったように

マーガレットと昼食をとっているときのことだった。

私はめったにこういうランチデートはしない。だが、マーガレットはこの一年ほど毎月電話をかけてきて、一度会おうと誘ってくれた。彼女は私の取引先銀行のプライベート・バンキング部の部長だ。

私は考えた。いつ融資が必要となるかわからない。会っておいて損はないだろう。ずいぶん会っていないし。

「いいですとも。ランチをご一緒に。会いたいと思っていたんですよ」最後に電話があったとき、私はそう言った。そして、彼女が選んだ一流レストランで会った。私が行くと、マーガレットはテーブルについて待っていた。私を見て立ち上がる。交わした握手は固く温かかった。

まだオーダーもすませないうちに、マーガレットはいつから銀行で働いているか語りだした。

出世階段を一段、一段のぼって今の地位まで来るにはどんなに大変だったか。「ここまでになるにはさんざん苦労したわ」とマーガレットは言った。

ウエイターがクラムチャウダーを運んできた。それを食べながら、ハワイですごした二週間の休暇の話を聞かされた。「毎年出かけてるわ。ハワイ島にコンドミニアムを共同所有で買ったの。すごく豪華な部屋よ」

(彼女はなにを話したいのだろうと思った。ふとアル・パチーノが主演した『スカーフェイス』のワンシーンを思い出した。大邸宅でバブルバスにつかりながら、周囲を見まわしてつぶやく。「これだけのことか?」私もそう問いかけたかった)

スープとコブサラダの間に、マーガレットは生まれたばかりの孫息子のことを話題にした。バッグから写真を出して見せてくれた。孫ができてうれしくてたまらないという雰囲気ではなかった

(顔を合わせてから、一度でも私のことを訊いてくれただろうか。マーガレットはずっと自分のことだけを話題にしていた)。

コーヒーを飲み終えた。

マーガレットは腕時計を見た。唐突に、これで終わりだとわかった。「とても楽しかったわ」彼女は言った。「ご一緒できて。お会いするのをずっと楽しみにしていたの」

いったい、どうなってるんだ? 私はマーガレットのことをさんざん聞かされた。マーガレットは私のことはなにも聞いていない。なにひとつ。私がなにに夢中かとか、今朝どんな気持ちで

目覚めたかとか、訊こうとも思いつかなかったのだろう。私の仕事のこともなにも訊かなかった。

一度でも質問してくれたら、多くの情報が得られただろうに。たとえば「うちの銀行のサービスはどうかしら、意見を聞かせて」とか、「なぜ起業する道を選んだの?」とか、「あなたはうちの大切なお客様よ――あなたのニーズを満たすにはどうすればいいかしら?」といった質問を。

なにより重要なのは、「そうだったの。もっとくわしく話してもらえない?」と言うことだ。質問して答えが返ってきたあと、「もっとくわしく話してくれませんか」と言うと、会話が弾み、驚くほどたくさんの情報が入ってくる。この簡単な問いかけは、相手からなにか聞きたい場合、ほぼ例外なく使うことができる。話を促す効果的な言葉で、日常生活で頻繁に活用できる。

私は憮然としてレストランを出た。

オフィスに戻ると、同僚がランチはどうだったと訊いた。「有意義な時間がすごせたかな?」

「とんでもない!」考える前に反射的にそう答えていた。

「どうして? なにがあったんだ?」彼は訊いた。あのランチを振り返って気づいたのは、あの銀行家が私に自分の仕事や将来のことを考えるヒントになるようなことをなにも訊かなかったことだった。私と同じような仕事をしている顧客が問題にどう対処しているかといった情報も提供してくれなかった。私が知りたいことを聞き出せなかったから、銀行側がどうすればサービスを向上させられるか、あるいはもっとどんなサービスを提供すればいいかといったヒントも得られなかった。

あなたもこんな経験がないだろうか？　直接話を聞いたわけではないから確かなことは言えないが、きっとあると思う。

あの銀行家は絶好のチャンスを逃した。ほかの人間が押した回転ドアをさっさと通り抜けてしまったのだ。その気になれば、私との取引を確実なものにすることもできただろう。今後の支援を無条件に取りつけることもできたはずだ。だが、彼女はなにもしなかった。

あなたはそんな愚かなまねはしないだろう。一方的に話し続けていたら、相手のことをなにひとつ学べない。会話を独占したら、たしかに注目を浴びることはできる。だが、ひとりでしゃべり続けていたら、相手からなにも引き出せない。

大切なのは、相手の話を聞き反応することだ。情報を得て、打てば響くような受け答えをすることだ。それが活発な対話ができるか否かの分かれ目である。「**もっと話してくれませんか？**」は、相手の考え方や経験の扉を開く魔法の鍵なのだ。

「もっとくわしく話してくれませんか？」と言って、情報を引き出し、相手の心を開こう。この質問を頻繁に使うといい。おいしいバターを塗った焼きたてのパンが食事を楽しいものにしてくれるように、会話を豊かなものにしてくれるだろう。

この質問の活用法

「もっとくわしく話してくれませんか?」

ある女性が、一ヵ月のうちに、一九世紀のイギリスを代表する二人のライバル政治家、グラッドストンとディズレーリと晩餐を共にした。いずれもイギリスの首相をつとめたことのある人物だ。二人をくらべるように言われて、彼女はこう答えた。「グラッドストン様とお食事したあとでは、あの方がイギリスでいちばん利口な方だと思ったわ」友人たちが続きを促すと、彼女は言った。「ディズレーリ様とお食事をしたあとでは、イギリスでいちばん利口なのは私のような気がしたの」

自分のことばかり話すと、相手はあなたを利口な人だと思ってくれるかもしれない。だが、相手の信頼を得ることはできない。相手はあなたのことをなにも理解できないのだから。一方的な会話は、長続きする豊かな人間関係の土台をつくるチャンスをだいなしにする。

「いつこの質問を使うか」

・どこでも頻繁に
・相手にもっと考え、もっと話してほしいときのきっかけとして

【この質問のバリエーション】

・「そのことについてくわしく教えてもらえますか?」
・「○○とはどういう意味でしょう?」（その言葉の意味をはっきりさせるように頼む）

【フォローアップの質問】

・「それはいつ……?」
・「なにがきっかけで……?」
・「どういうなりゆきで……?」
・「またどうして……?」

18 仕事の本質

クライアントのクレアと昼食をとったときのことである。クレアは大企業の一部門の責任者だ。早く着いたので、レストランにはほとんど客がいなかった。

クレアとは年に二、三回会って、彼女の会社で私が行なっているコンサルティングの報告をしている。最初は雑談から始めた。それから、彼女の部門の発展のために私がどんな取り組みをしているかに話題が移った。

メイン料理を食べ終えるころには、マーケティングの話はし尽くしてしまった。たいていいつもこんな具合だ。結局のところ、食事の間中、仕事の話をしたい人などいないだろう。

ドアの前に順番待ちの列ができ始め、店内はほぼ満席になった。

社会運動家のラルフ・ネーダーは、「食事の時間を仕事の話でだいなしにする気にはなれない。カロリーと会社を一緒にしたくない」と言った。だが、私はそう思わない。食事は人間関係をつくるいい機会だ。食事を共にすると親しみが増すことは研究でも明らかになっている。食事は重要なビジネスチャンスとなるのである。

ウエイターが皿をかたづけると、沈黙が続いた。私はクレアの顔を見た。そして、話題を変えることにした。「最近、調子はどうですか?」と訊いてみた。

「順調よ、とても」また沈黙があった。「ひどいものよ」

「ひどいもの?」(ときとして、相手の最後の言葉を繰り返すだけで、話を進めることができる)

「外部との折衝が大変で。大口顧客を探したり、供給業者と会ったり、いろいろ。それに、社内では毎日仕事に追われて。週七〇時間労働よ。へたをしたら一〇〇時間になりそう」クレアはため息をついた。

私はクレアの仕事をくわしく知りたかった。ひとつひとつの要素を分析してみたかった。問題解決者として闘志がむくむくと湧き上がった。

だが、一呼吸おいた。

「クレア、どういうことかな……この部門のCEOに就任して一年以上になりますね。今の仕事を振り返ってみて、なににもっと時間を充てたいと思いますか? 逆に、かける時間を減らしたいと思うことは?」

クレアはしばらく黙っていた。頭の中がめまぐるしく回っているのがわかった。

「そうね……いい質問だわ」また短い沈黙があった。

「なによりも、もっと時間を充てたいのは、経営チームの育成。部下を指導するのが大好きだし、私の得意分野でもある。実際、みんなずいぶんよくなってきたと思う。第二に、新興市場向けの低価格製品の開発という意欲的な戦略を立てている。それなのに、売り込みたい国に出張する暇もないの」

一時間後も私たちはまだテーブルについていた。順番待ちの列はなくなっていた。店内はまた静かになった。

クレアの優先順位について、私は思った以上のことを知ることができた。なぜ充実感を感じられないのか、その原因もわかった。そして、時間をどう配分すれば改善できるか、理解できた。数ヵ月後、クレアはチームを再編成して、サポート役を新たに追加した。次にクレアに会ったときには、CEOになってから初めて見るほど生き生きして、新たな意欲をみなぎらせていた。

最初、私はクレアの役割をいくつかの部分に分けて、それぞれに対して私なりの提案をしようとした。そのためには分析が必要となる。細かい要素に分けて、ひとつずつ評価していくわけだ。そして、「会議のやり方を改善するといい」とか「効率のいい権限委任をすべきだ」と助言する。それも悪くないが、この場合、大きな効果は期待できなかっただろう。

クレアに必要だったのは、自分の役割と優先順位を新たな観点から見直すことだった。そのためには総合的な見方が必要となる。全体を眺めて、個人的な強みや好みも考慮しなければならない。そのために、本人が冷静に仕事の全貌を眺めるきっかけとなる質問が必要だったのである。

相手に仕事（あるいは人生）をじっくり考えてもらいたいときには、こう訊くといい。
「今の仕事のなににもっと時間を充てたいと思いますか？　逆に、かける時間を減らしたいと思うことはなんですか？」

❗この質問の活用法

「今の仕事のなににもっと時間を充てたいと思いますか？　逆に、かける時間を減らしたいと思うことはなんですか？」

時間の使い方にはさまざまな要因がある。過去の出来事や周囲の要求に影響を受けるだけでなく、楽な道を選びたいという抗《あらが》いがたい気持ちもあるだろう。距離をおいて眺めてみると、木ばかり見て森を見ていなかったことに気づく場合が少なくない。

この質問は、相手に自分の仕事について――それが会社経営であれ家事運営であれ――語ってもらういい方法である。じっくり考えることで、根本的な望ましい変化が現れることもある。

［いつこの質問を使うか］

- 組織における地位や役割を話してもらいたいとき
- とりわけ、その地位について一年目、三年目といった記念となる日に訊くといい
- 友人や同僚や家族に日々のすごし方を訊いて、時間の使い方を変えることができると理解してもらいたいとき

［この質問のバリエーション］

- 「仕事のなかでなにがいちばん楽しいですか？　逆に、つまらないのは？」
- 「週にあと二時間あったとしたら、その時間をどうすごしますか？」
- 「なににもっと時間をかけたいと思いますか？」

［フォローアップの質問］

- 「変えられない原因はなんでしょう？」
- 「それに時間をかけるのをやめたり、かける時間を減らしたりするのは簡単ではないでしょうが……もしできるとしたら、どうすればいいですか？」

19 苦渋の決断

ウエイターが湯気の立つ前菜を三皿運んできた。しばらくすると、また二皿。

私はチャック・コルソンと奥さんのパティとともにディナーのテーブルについていた。場所は私たちのお気に入りのチャイニーズ・レストラン。チャックは私の憧れの人だ。

彼のことならなんでも――チャックに関する情報はほとんど全部知っているつもりだった。だが、ディナーの席でまた新たな発見をした。きっかけは、私がそれまでチャックにしたことのない質問をしたことだった。

どんな質問をしたかはあとでお教えしよう。パワー・クエスチョンの最たる例というべき質問である。この質問をしたために、二時間たっぷり――前菜のムースーロから、デザートのおみくじクッキーを食べるまで、話が続いたのだ。

だが、その前にチャールズ・W・コルソンを紹介したい。といっても、この偉大な人物のほんの一端しか語れないが。チャックの自伝『ボーン・アゲイン　ウォーターゲート後日物語』は、三〇〇万部売れた（このベストセラーの印税は、キリスト教に基づいて受刑者の更生を助ける組織、プリズン・フェローシップに全額寄付された。彼の多くの著書の印税は、すべてこの組織に寄付されている）。

読者のなかには、ウォーターゲート事件に関与して服役したことを覚えている方々もあるだろう（実際には事実無根で、チャックはまったく関わっていない。だが、それはまた別の話だ）。まだ三〇歳代で、チャックはニクソン大統領の特別補佐官に任命された。彼のオフィスは、大統領のプライベートなオフィスの隣りにあった。ニクソン大統領はホワイトハウスの執務室が嫌いで、大半の時間をこのプライベートオフィスですごしたという。

チャックは非公式の大統領諮問委員会のメンバーだった。数々の重要な政治問題に関わった。夜中の二時に呼び出されて話し相手をしたり、日中にたびたびオフィスに呼ばれたりした。だが、そのことなら私もよく知っていた。陰謀に関与したという捏造《ねつぞう》された証拠に基づいて収監されたことも。

さて、ほかの人にはしてもチャックにはしたことがなかった質問とは、「これまででいちばん答えに困った質問はなんですか？」だった。

どんな反応を示すか予測がつかなかった。プリズン・フェローシップの設立にまつわる話になるのではないかと思っていた。

収監されたのは人生でいちばん意義深い出来事だったと本人は語っている。『ニューヨーク・タイムズ』は、「コルソンの生き方は、歴史上もっともみごとな贖罪である」と書いた。三年の実刑判決を受け、七ヵ月服役した。しかし、その間にプリズン・フェローシップの種が蒔かれたのである。人生で重要なのはなにが起こったかではないとチャックは言う。起こったことにどう対処するかが、その人の人格を決定するのだ、と。

プリズン・フェローシップは、今では受刑者の更生のための世界最大の組織となった。世界一一〇ヵ国に支部がある。大半の受刑者は出所後また塀の中に戻ってくるが、プリズン・フェローシップの支援を受けた受刑者の再収監率はきわめて低い。チャック・コルソンが始めたこの運動は、何百という同様の組織を生み出している。

私の質問「これまでいちばん答えに困った質問はなんですか？」に話を戻そう。チャックの答えは刑務所での体験とは関係がなかった。受刑者の更生をめざす組織の指導者としての活動とも関わりがなかった。本人の言葉で語ってもらうことにしよう。

「ニクソン大統領にオフィスに呼ばれたときのことだ。夜も遅い時間で、私たち以外には誰もいなかった。

当時はみんな有頂天だった。二期目の選挙で、わが国の政治史上最大の地滑り的大勝をおさめた直後だったからね。大統領が判断を誤るとは思えなかった（ウォーターゲート事件の前のことだ）。

たった今、ヘンリー・キッシンジャー（国務長官）から電報が届いたと大統領は言った。ベトナムでの和平交渉を続ける一方で、北ベトナムへの爆撃を増やすべきだと強硬に提案しているという。それが合理的な判断であるだけでなく、和平交渉の席で北ベトナムと対決するには不可欠だというのだ。

だが、キッシンジャーの提案はそれだけではなかった。そうする必要がある理由を大統領が国民に説明しなければならない。公表して国民に議論させるべきだというのである。

『チャック』ニクソンは言った。『私には決断がつかない。君はどう思う？　君の判断は信頼できる。爆撃を続けつつ、国民に政策を説明すべきだろうか？』

難しい決断だった」チャックは続けた。「キッシンジャーは才気煥発で、大統領に大きな影響力を持っていた。しかし、よくよく考えて、私は今度ばかりは彼が間違っていると思った。判断が難しかったのは、当時、戦争に関する透明性の欠如をめぐって国民の怒りが沸騰していたからだ。大統領としては、国民の支持も得なければならないし、同時に和平協定を成立させるために力を尽くさなければならなかった。

私たちはずいぶん長い間話し合った。まるで地雷だったよ、この質問は。だが、私は意を決して自分の考えを述べた。爆撃は続けるべきだが、説明はしないほうがいい、と。説明すれば、国民の反発がさらに大きくなって、国中に抗議デモが広がると思ったからだ。国民はベトナム戦争の泥沼化にうんざりしていた。それ以上に重要なのは、公表すれば和平交渉の成功がおぼつかなくなることだ。

これほど答えに困った質問は初めてだった。身を切られるような苦渋の決断を迫られた。なんといっても、国務長官には軽々しく逆らえないからね。

ちなみに、爆撃は継続することになり、結果的にはそれが和平交渉を進めるのに一役買った」

さて、みなさんはあの事件のことをもっと知りたいのではないだろうか？ ジョン・ディーン、アーリックマン、ハルデマン、ジョン・ミッチェルといった一連の関係者のことを。それは……またの機会の楽しみにしよう。


私たちは強いプレッシャーを受け、苦渋の選択を迫られると、たくさんのことを学ぶ場合が多い。「これまででいちばん答えに困った質問はなんですか？」と訊くことで、相手の貴重な経験から学ぶことができるだろう。

この質問の活用法

「これまででいちばん答えに困った質問はなんですか？」

作家のエリ・ヴィーゼルは、神が世界を創造し人間をつくったのは物語が大好きだからで、私たちの人生はすべて神が語る物語だと書いている。

「これまででいちばん答えに困った質問はなんですか？」と訊くと、必ずと言っていいほど会話が弾む。この質問をされると、たいていの人ははっとしてこう言うはずだ。「どこからこんな話になったんだ？　ちょっと考えさせてほしい。やれやれ、こんな難しい質問は初めてだよ。さて、どう答えたらいいものか」

［いつこの質問を使うか］

- 相手の心の奥にあるものを知りたいとき
- 相手の性格や気質をもっと知りたいとき

［この質問のバリエーション］

- 「これまでに受けたなかでいちばん意味深長な質問はなんですか？　同じ質問をほかの人にしたことはありますか？」
- 「とうてい答えられないと思うようなことを訊かれたことはありますか？」
- 「決まりが悪くて答えられないような質問をされたことはありますか？　あるいは、

質問して相手を決まり悪がらせてしまったことは？」

【フォローアップの質問】

- 「その質問はあなたの人生にどんな影響を与えましたか？」
- 「あとになって、そのときの答えは間違っていなかったと思いましたか？」
- 「今同じことを訊かれたら、そのときと同じ答えをしますか？」

20 人生の岐路

始まりは黒い鞄だった。父の黒い診察鞄だ。

今の医者はまず使わないが、一九五〇年代には一般的だった。大きな横長の鞄で、隅は丸く、つや消しのペブルレザー製だった。鞄の中にはありとあらゆる不思議なものやガラス壜が入っていた。注射器もあった。そういうさまざまなものを鞄から取り出して、父は意のままに病人を治すのだった。黒い鞄は魅惑的で、存在感があり、神秘的だった。六歳にして私は、自分も医者になろうと決心した。

私の身内には医療に携わる人間が多かった。祖父は評判のいい泌尿器科医だった。母も第二次世界大戦中は看護の仕事をしていた。いちばん上の兄は私がハイスクールの最上級生だったときに医学部に進んだ。

大学に入ると、私は医学部の予科コースを選択した。このコースでは微積分や生物といったさまざまな自然科学を学ぶ。ところが、私は理系科目が苦手だった。となると、医学部に入るには猛勉強するしかない。四年間せっせと図書館に通って、優秀な成績をおさめなければならない（いい成績を取ること自体はさほど難しくなかったが、問題は数学と科学でいい点を取ることだった）。

私は自然科学の授業に魅力を感じなかった。無味乾燥でつまらなかった。ぴんとこないのだ。それよりも、文学や歴史や外国語の授業のほうがずっと楽しかった。

それでも、歯を食いしばってがんばった。この関門を乗り越えないかぎり目標に達することはできないのだ。子供のころからずっと医者になりたかったんじゃないか。家族もみんな医者だ。私が大学一年生のとき、もうひとりの兄も医学部に進学していた。

プレッシャーは大きくなるばかりだった。なにがなんでも、私もいつかあの黒い診察鞄を持たなければ！

二年生のとき、大学新聞でこんな広告を見つけた。「キャリア・ガイダンス・セミナー――効力のある履歴書の書き方」

私は考えた。やってみて損はない。夏休みのアルバイトを見つけるのに役立つかもしれない。いいアルバイト先で働けたら、医学部に出す願書に箔《はく》がつくだろう。

そのときは気づかなかったが、私は人生の岐路にさしかかっていたのである。目の前の道が大きく二つに分かれている。一生のうちにほんの何度か、こんな節目があるものだ。結婚相手を選ぶとき。就職先を決めるとき。昇進を打診されて遠い外国に赴任するかどうか思い悩むとき。ロバート・フロストは、「行かなかった道」という詩の中で、人生の岐路にさしかかったときの心情を美しく歌っている。広く愛されている詩だ。黄色い森をさまよっていると、道が二つに分かれていた。どちらも同じように落ち葉が降り積もっているが、片方は人があまり通った跡がなかった。フロストは思い悩む。どちらに進むべきだろう？　どちらが正しい選択だろう？

詩はこんなふうに終わっている。

森の中で道が二つに分かれていた、そして、私は――
私は人があまり通った跡のない道を選んだ
そして、それが人生を大きく変えた

この詩は人生を変えることになる選択をするのがいかに難しいかを物語っている。二つの道はさほど違わないように見える。そして、あとになって、私たちは自分の選んだ道が正しかったのだと信じたくなる。

こうした分かれ道に立ったときには、どちらかに決め、選んだ道をまっすぐ進むしかない。

私はそのキャリアアップのためのワークショップを受講することにした。二日間、履歴書の書き方を習った。過去の経験や受けた教育をアピールする方法。面接の心得。ネットワークづくり。

二日目の午後、最後の課題を出された。「これが最後の練習問題です」講師が言った。「紙を配りますから、一時間以内に自分の死亡記事を書いてください。地元の新聞に載せるための生前の略歴です。どんな記事にしたいですか？　どんな人生を描きたいですか？　では、始めて」

唖然としている学生もいた。死亡記事だって？　二〇歳の若者にとって、死は別世界の出来事だ。自分が死ぬなんて想像もつかない。なんと悪趣味な課題を出すのだろう。

そんなことを考えながら、私は書き始めた。医者としての輝かしい実績を描いた。死亡記事では、私は著名な内科医で、有名大学の医学部の教授だった（父と同じように）。臨床医として長年、診療にも携わってきた（これも父と同じ）。両親は私をさぞ誇りに思うだろう。安定した収入。世間から向けられる敬意の念。

だが、二〇分ほど経つと、突然、書くのをやめた。なんとも気持ちが落ち着かない。胸がどきどきした。

なにを書いているのだろう？　私はペンを置いた。そして、はたと悟ったのだ。

私が本当にしたいのは旅だ。外国に住みたい。そして、起業家になりたい。

医者になるための勉強が急に耐えがたいものに思えた。四年間、たいして興味もない授業を受ける。しかも、その間ずっと医学部に進学できるかびくびくしながら。運よく進めたとしても、また四年間勉強しなくてはならない。そのあとは三年ないし五年の研修。それから、たぶん、大学院の研究医になるのだろう。

本当は有機化学なんか勉強したくなかった。私は突然、気づいた。これまでずっと父のために勉強してきたのだ、父や祖父のために。決して自分のためではなかった。

それよりも、外国語を習ったり、優れた文学作品を研究したい。私の内なる声が叫んでいた。「本当に医者になりたいわけじゃないだろう。父や祖父のためになろうとしていただけじゃないか。あちこち旅する夢はどうなったんだ?」

雷に打たれたような衝撃とともに決心がついた。

一ページ目は全部線を引いて消した。世間から尊敬される著名な内科医はやめて、最初から書き直した。今度は違うシナリオを。違う未来を。

今度の死亡記事では、私は国際ビジネスの分野でキャリアを積んでいた。四ヵ国語を流暢に操り、ヨーロッパに拠点を置いていた。ビジネス書も何冊か書いた。世界中を旅し、ビジネススクールで教えたこともある。私はまったく別の人生を描いた。結婚して三人の子供に恵まれたとも書いた。そして、多くのすばらしい友人たちにも。

二〇歳の私が自分の死亡記事を書いた。それはとりもなおさず人生設計を描くことだった。私は夢中になった。私の人生なのだ。父の人生ではない。

あの死亡記事を書いた紙はなくしてしまった。だが、なにを書いたかはよく覚えている。

ワークショップの翌日は日曜日だった。私は寮の廊下にある公衆電話に一〇セント硬貨を入れた。いつものようにコレクトコールだった――そのころは日曜日ごとに両親に電話していたのだ。

「医学部に進学するのはやめることにした」私は父に告げた。

反対されるか、小言を食うか、考え直すように助言されるかだろうと覚悟していた。しかし、そのどれでもなかった。

「医学部に進んでも進まなくてもかまわない。おまえが好きな道を選んでくれればそれでいいんだ」

（私は耳を疑った。これが父の言葉だろうか？　まさか！　そんなはずがない！）

「本当に？」

「ああ。おまえを医者にしようなんてうちでは誰も考えていないさ」

ショックだった。狐につままれたような気分だった。思わず受話器を落とした。ゆっくりと息を吐いた。そして、満面の笑顔になった。父を抱き締めたいぐらいだった。

それで結局どうなったか？　本当にそれでよかったのか？　読者としては気になるところだろう。お答えしよう。それでよかった。なにもかも二〇歳のときに書いた死亡記事のとおりになった。

どんな人生をすごしたいか、死んだあとどんな人だったと言われたいか、思い悩んでいる人がいたら、こう訊くといい。「今日、自分の死亡記事を書くとしたら、どんな略歴を書きたいですか?」と。

この質問の活用法

「今日、自分の死亡記事を書くとしたら、どんな略歴を書きたいですか?」

死亡記事は、本来、あとに残された人のためのものだ。家族や友人たちに故人の人生を賞賛する機会を提供してくれる。

だが、別の意味で、生きているうちに役に立つ場合もある。将来を見据えることで、人生設計を立てられる。自分にいちばん大切なもの、いちばん楽しめることが、わかってくる。自分の死亡記事を書くと、なにを選択すればいいか、そして、どんな選択ができるかがはっきりするだろう。

［ いつこの質問を使うか ］

・指導したり、助言したりするとき

・若い人が仕事上、あるいは人生における重大な決定を下そうとしているとき

［ この質問のバリエーション ］

・「ずっとあとになって振り返ったとき、人生で最大の達成感を与えてくれたのはなんだったと思いますか？」

・「まだしたことがないけれど、死ぬまでにしてみたいことはなんですか？」

［ フォローアップの質問 ］

・「なぜそのことを死亡記事に書いたのですか？」

・「どうしてそれが果たせなかったのでしょう？」

21 私を誰だというのですか？

ある企業の財務担当重役が、ウォール・ストリートの高層ビルにあるオフィスを出て、市庁舎の前を通りすぎ、ワース・ストリートを東に進んで、バウリーに向かった。あたりには空きビンやゴミが散乱し、路上生活者のダンボール・ハウスが並んでいる。簡易宿泊所の前で、彼はホームレスの女性を見かけた。つらい人生を歩んできた女性なのだろう。彼女はブラックコーヒーの入ったカップを持っている。紺色の高級そうなスーツ姿の男を見て、「こんなところでなにをしているのだろう」といぶかしむ。

男は彼女に近づいて、穏やかな声で問いかける。「そのカップを私にくれませんか？」ただこれだけの質問から思いもよらぬ会話が始まり、ひとりの女性の人生が変わった。

これは実話と呼べるだろうか？　昔あった出来事の舞台を現代に替えたと言うべきだろう。実際の出会いがあったのは、遠い昔、場所もニューヨークから遠く離れた土地だった。

二〇〇〇年ほど前、イエスというユダヤ人のラビが、一二人の使徒とともに砂漠をさまよっていた。サマリアにさしかかったときのことだ。イエスの同胞であるイスラエルの民はこの一帯には決して足を踏み入れない。小さな砂漠の町のはずれにぽつんとひとつあった井戸のそばにイエスが座っていると、ひとりの女が現れた。

「水を飲ませてくれませんか?」イエスは言われた。普通ならあり得ないことだった。当時のユダヤ人はぜったいにサマリア人と関わりを持たなかったからだ。サマリア人を不浄な忌むべき存在とみなしていたのである。女は呆気にとられた。そして答えた。「私に水を飲ませてほしいとおっしゃるのですか? ユダヤ人はサマリア人に話しかけないものなのに」イエスは女から話を聞いて、不幸な人生を送ってきたことを知った。これまで彼女の人生に何人もの夫や、夫ではない男たちが現れては消えたこと。村人につまはじきにされていること。

こうして会話が続き、イエスは女の空虚な心や孤立した立場を救った。そのいきさつに関しては、何世紀もの間、研究が行なわれている。「水を飲ませてくれませんか?」という問いかけから始まった出会いが、この女性の人生を変えたのである。

イエスは革命家だった。イエスが望んだのは、既存の秩序を破壊し、人類を破滅から救うことにほかならなかった。イエスの王国では、権力も富も地位も尊ばれず、それに代わって謙虚な心、奉仕、隣人愛が尊重される。

イエスにとって、質問は人々を変える大きな手段だった。

社会から排斥された人に手を差し伸べるために簡単な質問をすることもあった。知識階級から敬意をこめた扱いなどされたことのない——話しかけられたことさえない人に問いかけた。娼婦、ハンセン病患者、物乞い、犯罪者、最下層民に声をかけた。

また、当時の宗教界の権威からの問いかけに対してよく質問を返した。相手はイエスを陥れようとして質問する。それに直接答える代わりに、相手に答えることのできない質問を返したのだ。さらには、意味深長な反語で問いかけて、弟子や出会った人々に深く考えさせた。

最後のエルサレム入城の直前には、きわめて洞察力に富んだ質問をしている。

使徒たちをカエサレア・ピリピという地方に集めて、こう訊かれたのだ。「人々は、人の子である私を誰だと言っているか？」

使徒たちは答えた。「洗礼者ヨハネと言う者もいれば、エリヤだと言う者もいます。また、ある者はエレミヤとか、別の預言者のひとりだと言っています」張りつめた沈黙が続いた。イエスは使徒たちの目を順番に見つめられた。そして、シモン・ペトロに顔を向けて、かつてないほど直接的な質問をされた。

「では、あなたは私を誰だと言うのか？」ペトロは立ち上がった。使徒たちは息を潜めて見守っていた。ペトロはイエスをまっすぐ見た。

「あなたは救世主、生ける神の子です」

それから一週間と経たないうちに、イエスは告発され、裁判にかけられ、磔刑《たっけい》に処せられた。

使徒たちは指導者を失った。

なぜイエスは短い宣教活動のこの重大な転機に、「あなたは私を誰だと言うのか?」という質問をしたのだろう。「今後はあなたたちだけでやっていけると思うか?」でも「来週私が地上から消える前に私にもっと訊いておきたいことはないか?」でもなく。

こう考えてみよう。イエスは十字架にかけられて死ぬのを知っていた。使徒たちに何度もそれが自分の運命だと語っている。

イエスは革命を望んでいた。自分がこの世から去ったあとも、天の王国が根づき、繁栄することを願っていた。だが、そのためにはイエスが誰か、そして、なにを象徴しているか使徒たちが本当に理解しているか確かめる必要があった。使徒たちから信仰宣言を聞いておきたかったのである。

もしイエスが賢明なラビにすぎないなら、使徒たちはそれぞれの仕事に戻って、また漁師や収税人や治療師として生きるかもしれない。イエスとすごした三年間を忘れてしまうかもしれない。しかし、使徒たちがイエスを救世主と信じていれば、イエスが説いた謙虚さや奉仕の精神を貫き、イエスを通して神と直接的な関係を築くことができる。つまり、イエスを信じていれば、この先も活動を続ける力と精神的な裏づけが得られるのだ。そのために磔刑に処せられたあと復活して、彼らの信仰を堅固なものにしなければならなかったのである。こうして、使徒たちはそれまでどおり宣教活動を続けた——たとえ、そのために彼らの大半が命を落とすことになっても。

あなたが組織のリーダーでも、ビジネスの専門家でも、子供を持つ親、あるいは教師だとしても、あなたが誰か、周囲の人々が理解しているか確かめておいたほうがいい。あなたの信念や価値観を理解しているか確かめておこう。あなたが身をもって示したいこと、あるいは、示したくないことを知っておいてもらわなければならない。

周囲の人はあなたが本当は誰か知っているだろうか？

周囲の人はあなたがどんな存在がわかっているだろうか？　それを確認するには、この直接的な質問をぶつけてみるといい。「私をリーダー（あるいは同僚、友人、親など）として、どう見ていますか？」

！この質問の活用法

「私をリーダー（あるいは同僚、友人、親など）として、どう見ていますか？」

私たちは自分がどんな存在か、上司や同僚が理解し尊重してくれていると思い込む傾向がある。自分の価値観や仕事のやり方をわかってくれていると信じがちだ。私生活でも同じことで、家族や友人が自分を理解してくれていると思っている。だが、本当にそうだろうか？　そう言い切れるだろうか？

この質問をすれば、示唆に富んだ親密な会話ができるだろう。思いがけない発見をする場合もある。

［いつこの質問を使うか］

- あなたのリーダーシップを周囲がどう見ているか知りたいとき
- 身近な人――家族や友人や同僚――が、あなたがどんな存在であり、なにを身をもって示したいのか理解してくれているか確かめたいとき
- あなたの意図をはかりかねている人に真意を理解させたいとき

［この質問のバリエーション］

- 「私をどういう人間だと思っていますか？」
- 「私の価値観や行動指針を簡単に説明するとしたら、どうなるでしょう？」

［フォローアップの質問］

・「私はそれを裏づけるようなことをしたでしょうか？」
・「それをもっとうまく伝え、ロールモデルになるには、ほかになにをすればいいでしょう？」
・「なぜそう思うのですか？」

22 人生で最高の瞬間

さっそくだが、この章のテーマであるパワー・クエスチョンをあなたに問いかけたい。

これまででいちばん幸せだった日はいつですか？ 人生の転機となった昇進を果たした日？最初の子供が生まれた日？ 未来の配偶者と出会った日？ それとも、結婚した日だろうか？あなたにとって人生最高の日はいつですか？ そして、年月が経っても、振り返っただけで笑顔になるような思い出は？

この質問を少し考えていただきたい。人生でいちばん幸せだった日、最高の瞬間はいつだっただろう？ 答えが出たら、その喜びをもう一度味わってほしい。そして、そのあとで読み進めていただきたい。ボブのことをお話しよう。

彼のような人をあなたも何人か知っているのではないだろうか。それほどたくさんはいない。部屋に入ったとたん、その場の雰囲気を変えてしまうような人物だ。圧倒的な存在感がある。

それがボブだ。彼はそういう人物のひとりである。

ロバート・レイノルズ、パトナム・インベストメンツのＣＥＯ兼社長。パトナムは全米でトップ５に入る資産運用会社である。

ボブがパトナムに入ったとき、会社は低迷していた。何年間も運用益をあげられず、不正取引をめぐって何度も民事訴訟を起こされていた。金融界の寵児ともてはやされていたボブが、なぜこんな厄介な仕事を買って出る気になったのか不思議だった。

しかし、最終的にボブは会社を転換させた。『ウォールストリート・ジャーナル』は、彼がパトナムに新時代をもたらしたと書いた。「業績ばかりでなく会社の信用を取り戻した」

「パトナムに入ったときには」と、ボブは私に語った。「スタッフは損失を出さないことばかり考えていた。私は言ったんだ、生き残りたかったら、利益をあげることを考えろ、と」

ボブのオフィスには、投資業界の最大手、フィデリティを辞任したときに贈られた写真や彫像や記念品が飾られていた。フィデリティ時代のことにもあとで触れることにしよう。

だが、その前に、ボブを訪ねたときのことを話したい。ボブにはさまざまな質問をした。人を訪ねると、私はいつもそうするのだ。そのなかに必ず相手から強い反応を引き出す（つまり、相手の心に届く）質問がある。**これまででいちばん失望したのはいつですか？**

この質問をボブにぶつけてみた。ボブは眉ひとつ動かさなかった。

答えはわかっているような気がした。つらい記憶で口にしたくないのだろうと思った。だが、しばらくするとボブは言った。

「私は失望したことがないんだよ。意気消沈したという経験は思い出せない。もともと楽観的なんだろうな」

私はなおも探りを入れた。ボブがどんな人間かよく知っているつもりだった。これまでいちばん失望したのは、ナショナル・フットボール・チームのコミッショナーになりそこねたときだったはずだ。チームオーナたちの推薦も受けていたと聞いている。

「候補者は何人もいた。やがて八人に絞られ、さらに四人になった。最終的には身内の候補者と私だけになったんだ。

ポール・タグリアブーから電話があった。当時のコミッショナーで、引退したばかりだった。その彼が言ったんだ。『君こそ適任だと思う、ボブ。その件で話がしたい』。ポールを訪ねてじっくり話をした。

しかし、結局、コミッショナーにはなれなかった。それでも失望はしなかったよ。むしろ、候補にあがって、そこまで残れたことを誇りに思った」

この三時間の面談でボブの経歴についていくつも発見があった。これまで知らなかったことがたくさんあった。

私はもうひとつ強力なパワー・クエスチョンをぶつけることにした。「振り返ってみて、人生でいちばん幸せだった日はいつですか？　この上なく幸せだった日は？」

「それなら簡単だ。ネッド・ジョンソン（フィデリティ・インベストメンツ創設者）から、後任のCEOにと言われた日だ。こんなうれしい話はなかった。最高の気分だったよ。だが、これも最終的には実現しなかった。くわしいいきさつが知りたかったら、当時の『フォーチュン』誌を読んでみるといい。話せば長くなる。だが、円満な別れだった。私は退職を決意した」

フィデリティをやめたとき、ボブは同社のナンバー2で、最高執行責任者をつとめていた。それからフィデリティの話が続いた。ボブのことはよく知っていたが、『これまでいちばん幸せだった日はいつですか？』という質問をしたのは初めてだった。

この質問がきっかけとなって、フィデリティでの経験をいろいろ聞くことができた。同族会社でナンバー2という立場は、気骨の折れる仕事だった。部下に創業者一族がいればなおさらだろう。私は似たような話を思い出した。

一九五〇年代にアイゼンハワー大統領の国務長官をつとめたジョン・フォスター・ダラスの下で働かないかと打診されて、のちに国務長官となったクリスチャン・ハーターはこう答えたという。「ワンマンの省庁でナンバー2でいるのはきつすぎる」

この日のボブとの面談で最大の反応を引き出した質問は、「これまでいちばん幸せだった日はいつですか？」だった。この質問をするたびに、例外なく相手から有意義な話を聞くことができる。

ただし、覚えておいてほしいのは、ある人にとって最高に幸せだった日が別の人にとっては必ずしもそうとはかぎらないことだ。

ジョン・アダムズ大統領は、ある日、日記にこう書いた。「チャールズと釣りに行った。人生最悪の日だった」三歳の息子、チャールズは、日記にこう書いた。「今日、パパと釣りに行った。これまでいちばん楽しかった」

思い切って一歩踏み込むと、相手にとって大切な話を聞くことができる。「これまででいちばん幸せだった日はいつですか？」と訊くと、相手は笑顔になってくれるだろう。

! この質問の活用法

「これまででいちばん幸せだった日はいつですか？」

この質問には、暗い雰囲気を一変したり、沈んだ気持ちを引き立てたりする力がある。

もしかしたら、相手は答えられないかもしれないし、答えをひとつに絞れないかもしれない。それはそれでいい。相手は気持ちを動かされ、強烈な印象を残した思い出のページをめくり始めているはずだ。

答えが聞けたとしても、ただ物思いに沈んだ沈黙が返ってきたとしても、この質問は感動的とまではいかなくても、強い効力をもたらしてくれるだろう。

［いつこの質問を使うか］

- 相手に対する理解を深めて、より強い絆をつくりたいとき
- 相手の人格を形成することになった重要な出来事を理解したいとき

［この質問のバリエーション］

- 「これまででいちばん楽しかった日はいつですか？」
- 「これまででいちばん楽しかった出来事はなんですか？」

［フォローアップの質問］

- 「それがなぜそんなに重要だったのですか？」
- 「それ以外に強く印象に残っている日や出来事はありますか？」

23 あなたのための計画ですか？

会議室に集まったのは、世界最大級の金融機関である銀行の八人のトップ経営陣だった。木目の美しい会議テーブルの上には、普通のミネラルウォーターと炭酸入りミネラルウォーターのペットボトルが用意されている。聞こえるのは、天井の一隅から白い映写スクリーンが静かにおりてくる音だけだ。

「入ってもらってくれ」経営陣のひとりが秘書に告げた。

経営コンサルタントたちが入ってきて、全員と握手を交わした。世界でも指折りの優良コンサルティング会社のスタッフだ。経営陣に絶大な影響力を持っている陰の実力者たちで、著名な業界紙は「業界における現代のイエズス会」と称したほどだ。コンサルティング業界に関する本で、「戦略の王様」と呼ばれたこともある。

彼らはこの銀行の重要プロジェクト受注先として、他の二社とともに最終選考に残り、今日はそのプレゼンテーションのために呼ばれたのだった。きわめて大口の契約で、どこのコンサルティング会社も喉から手が出るほど欲しい仕事だ。受注できたときの恩恵は計り知れなかった。

プレゼンは一時間続いた。ときおり経営陣から礼儀正しい質問が発せられた。コンサルティング会社の代表、ウェスターベルトは、この銀行の主要業務である法人取引を主体とするコーポレートバンキングに焦点を絞った。この問題を掘り下げて、新しい戦略を進める用意があることを示した。ウェスターベルトは有能なコンサルタントだった。

（ウェスターベルトは私の父の格言を知っていたにちがいない。「準備不足はなにをしても取り返しがつかない」徹底した準備はウェスターベルトがもっとも得意とするところだった）

ウェスターベルトは大企業のことは知り尽くしていて、この銀行の主要な競争相手に関しても充分な知識があった。滔々《とうとう》と雄弁をふるって、聞く側をぐんぐん引き込んでいった。少しでもためらいを示すような言葉は、彼の口からはいっさい聞かれなかった。

ウェスターベルトのプレゼンは、まさに力業だった。この方面にかけては彼の右に出る者はいないにちがいない。ウェスターベルトの並はずれた経験と知識に太刀打《たちう》ちできるコンサルタントはいないだろう。

割り当てられた時間はあと数分となった。ウェスターベルトは言葉を切った。「ほかになにか質問はありませんか?」経営陣は首を振った。

「ご苦労だった」ＣＥＯが言った。「とても参考になった」

四七階からエレベーターでおりる途中で、若い共同経営者がウェスターベルトに言った。「すばらしいプレゼンでした」

ウェスターベルトはほほ笑んだ。二人とも満足していた。それが当然だろう。銀行業務のことは知り尽くしているのだから。

一方、会議室では、経営陣が検討を始めていた。CEOはウェスターベルトのコンサルティング会社を気に入っていた。私はCEO本人からそう聞いたことがある。CEOとしてはウェスターベルトに発注したかったが、経営陣に自分の意見を押しつけるつもりはなかった。順番に聞いて回ったかぎりでは、好意的な意見が多かった。これまでのところはうまくいきそうだった。

いちばん慎重な意見を口にしたのは、人事部長のジェニファーだった。勤続三〇年近いベテランである。最後に意見を述べたのはピーターだった。グローバル・コーポレートバンキング部長――コンサルタントがプレゼンで大半の時間をかけた部門だ。

ピーターは明らかに動揺していた。かすかに顔が赤くなっている。興奮した様子だ。

「あの人たちをコンサルタントとして迎えることはできません」ピーターは言った。怒りを抑えきれないようだった。「とりわけ、リーダーのウェスターベルトは。こちらの話を聞こうとしない。あの男には……我々の立場を理解する気がないんです」

CEOは驚いて、くわしく説明するよう促した。

「我々の戦略や計画について、ほとんどなにも質問しませんでした。どんな選択肢があるのかとも訊かなかった。コーポレートバンキング業務で我々が首位に立っていることも認めなかった。自分たちのことで頭がいっぱいなんですよ。とりわけウェスターベルトは」

その後、CEOは人事部長のジェニファーからも話を聞いた。「彼は一度も私と目を合わせませんでした」ジェニファーはCEOと二人きりになってから言った。「ただの一度も。私はその場にいないも同然でした。彼らはあなただけに向けてプレゼンテーションを行なっていたんです。この人たちと毎日一緒にやっていけるだろうかと思わずにいられませんでした。彼らのやり方は当行の企業文化に合わないと思います」

数日後、CEOはそのコンサルティング会社に電話して、契約を打ち切ると告げた。今回のプロジェクトを取れなかっただけでなく、契約を打ち切るという通知だった！

CEOはどのコンサルティング会社も、能力の点では「甲乙つけがたい」という意味のことを言った。ウェスターベルトたちは呆然とした。大いに失望したが、意気消沈したわけではなかった。どうしてこんなことになったのか彼らには理解できなかったのだ。

それから一年後。そのプロジェクトを勝ち取った会社は、今でもこの銀行のコンサルティング業務を継続している。現在は三番目の仕事を進行中だ。

CEOとコーヒーを飲んだとき、私は訊いてみた。「なにが決め手だったんですか？　結局のところ、ウェスターベルトの会社は、プレゼンでなにか特別のことをしたんですか？　ほかと違うと印象づけるようなことを？」

CEOは私の顔を見た。そして、眉を上げて小首をかしげた。「なにをしたかって？　ただの一度も質問しなかっただけだ。コーポレートバンキングについてピーターに一言訊けばよかったんだ。**『あなたの計画を話してくれませんか？』**と。ウェスターベルトは私には訊いた。だが、肝心のピーターには一度も訊かなかった」

「『あなたの計画を話してくれませんか？』という、単純だが相手の関心と情報が得られる質問の重要性に気づかなかったわけですね」

二年ほど前、私もピーターがあのとき会議室で味わったような経験をした。ロンドンに出張することになったのだが、二日ほどプライベートな時間をすごす予定を立てた。出発の直前に知人に会った。「ロンドン」という言葉を口にしたとたん、彼は背筋を伸ばして咳払いした。「それなら、ぜったいにレインズボロー・ホテルに泊まるべきだ。レインズボローとくらべたら、どんなホテルも二流に思えてくる。泊まるなら、あそこしかないよ」重い沈黙が続いた。

もし、この知人が私に予定を訊いてくれたら、翌日には出発するとわかったはずだ。そして、一泊一〇〇〇ドルもするレインズボローほどではないかもしれないが、気に入ったホテルをすでに予約してあることもわかっただろう。

だが、彼は訊かなかった。そして、こうすべきだという提案だけをした。おかげで、気の利かない鈍感な男という印象を与えてしまったのだ。

自分の計画ばかり話してはいけない。相手のために計画を立てて、それを押しつけるのもよくない。まず、こう訊こう。「あなたの計画を話してくれませんか？」

この質問の活用法

「あなたの計画を話してくれませんか？」

聞き上手になりたければ、次の三つの原則を守ることである。

- 謙虚さ　インドの精神的指導者、マハトマ・ガンジーは、こう語っている。「真実を発見するためには、人間は塵のように謙虚にならなければいけない。出会う人すべてから学ぶことができると信じることである」
- 好奇心　人は年齢を重ねるにつれて好奇心を失いがちだ。平均的な五歳児は、毎日、二〇〇の質問をするという。あなたはいくつ質問しているだろう？　どんな状況にも強い好奇心を抱いて臨めば、熱心に耳を傾けることができるだろう。
- 自分を知ること　先入観や偏見にとらわれていると、人の話を聞くことができない。

新車を購入する際、決断するのはもっぱら女性だそうだ。だが、典型的なディーラーやセールスマンは、夫にばかり注目を向ける。自分を知ることが大切だ。

【いつこの質問を使うか】

- 相手の計画はこうであるべきだと自分の意見を述べる前に
- 相手の意図や優先事項を理解する必要があるとき

【この質問のバリエーション】

- 「どんなアプローチをとるつもりですか？」
- 「あなたの作戦は？」
- 「将来どんなふうにしたいと思っていますか？」

【フォローアップの質問】

- 「どういういきさつで、その結論に達したのですか？」
- 「ぜったいしないと決めたことはありますか？」

24 こだわりを捨てて、立場を変えてみる

「まさに断腸の思いだ。心が引き裂かれそうだよ。こんなつらい経験は初めてだ」

ジョン・カークマンと話していたときのことだ。場所は彼のオフィス。ジョンは涙ぐんでいた。

ジョンは小さな製造会社のオーナー経営者だ。一時は八〇人ほど従業員を抱えていたが、景気が低迷してからは少し減っている。

「こんなあなたを見るのは初めてですよ、ジョン。なにがあったんですか?」ジョンとは一ヵ月か一ヵ月半ごとに会っていた。そして、事業計画を立てたり、会社の目標や財務業績を見直したりしている。

ジョンは、最高財務責任者が会社宛の小切手を自分の口座に振り込んだのだと打ち明けた。かなり経ってから横領に気づいたのだが、被害はその一〇万ドルだけではなかったという。

問題の最高財務責任者は、一六年も会社に勤めているベテラン社員だった。しかも、ジョンに

とって、なんでも相談できる親友でもあった。「あんなに信用していたのに」とジョンは嘆いた。

意を決してボブ（仮名）を問責することにして、ジョンはまずこう言った。

「ボブ、あの紛失金のことを説明してくれないか」すると、ボブは要領を得ないことを長々と弁解し始めた。自分は潔白だと主張したが、ジョンは信じられなかった。

（メキシコに「コン・ラス・マノス・エン・ラ・マサ」という表現がある。直訳すると「パン生地に手を入れて」だが、現行犯という意味である。ボブはまさしく現行犯だった）

「会社の金には一銭も手をつけていない」ボブは言った。「私がそんなまねをするわけがないし、親友の君から金を盗むはずがないじゃないか、ジョン」

ボブは家族のことや、会社のためにどれだけ尽くしてきたか語り始めた。確答を迫っても、言を左右にするばかりだった。

「だが、見ていればわかったよ。目はどんよりして光がないし、両手を固く握り締めていた。何度もそわそわと脚を組み直したりして」

ジョンは続けた。「結局、ボブは認めなかった。紛失した金にはいっさい関わっていないで押し通した。

それでやっと気づいたんだ、はっきりと答えなければいけない訊き方をしていなかったことに。だから、曖昧な返事しか返ってこなかった。単刀直入に訊くべきだった――イエスなのかノーなのか」

（イエスかノーで答えなければならない質問をすると、貴重な発見につながることがある。適切な時期に適切な訊き方をすれば、この種の質問は大きな効果を発揮してくれる。直接的な答えを求めているわけだから、釈明も言い訳も責任逃れも通用しないわけだ）

そこで、ジョンはこう言ったという。「ボブ、イエスかノーか知りたい。弁解はもう聞きたくない」（ジョンはさらに強い言葉を使った）「あの金を盗んだのか？　イエスなのかノーなのか？」

「そして、待った」ジョンは私に言った。「黙って返事を待った」（緊張感をはらんだ沈黙が続いた。ときとして私は思うのだが、沈黙はなにより明らかな答えである場合が多い）

「数分がすぎた。私は待った。一言も発しなかった。ついにボブは観念した。白状したよ。あのまま当たりさわりのない質問を繰り返していたら、正直な答えが引き出せたかどうか……。私は茫然自失した。横領なんて思いもよらなかった。長年の友情や信頼に対する裏切りだった」

「それで君に訊きたいんだ」ジョンは私に言った。「彼は罪を告白した。なのに、どうしていいかわからないんだ。警察に通報すべきか？　二四時間以内に辞職するよう迫るか？　それとも、その場で解雇して、オフィスとデスクの鍵を返させ、即刻出て行くよう言い渡すか？

ボブの家庭の事情も気になった。まだ大学に通っている子供がいる。奥さんは働いていない。ボブの人生設計は一変するだろう。それが心に重くのしかかった」

さて、考えていただきたい。あなたならどうするだろう？　ボブはジョンの親友だ。財務責任者としてきわめて優秀でもある。最初に頭に浮かぶのは、警察に通報し、ボブをできるだけ遠ざけることだろう。それが当然だ。大きな信頼を寄せていた人から手ひどく裏切られたのだから。

ジョンがどうしたかお話しよう。そして、私がジョンにどんな質問をしたのかも。

「ジョン、もし逆の立場だったら、あなたはどうしてもらいたいですか?」

こう訊かれると、私たちは考え込まざるを得ない。怒りを忘れ失望を抑えて、相手の身になって考えなければならないからである。この質問のすばらしいところは、自分だったらどうしてほしいか相手に考えさせるところだ。

私の質問に話を戻そう。「ジョン、もし逆の立場だったら、どうしてもらいたいですか?」

「うーん。そんなふうに考えたことはなかったよ。さて、困った。動転して、自分の気持ちばかり考えていた。

そうだな、もし私がボブだったら、許しを請うだろう。もう一度だけチャンスを与えてほしいと頼むだろう。二度とこんなことはしないと誓う。そして、この過ちを償うためならなんでもする」

「ひょっとしたら、それがあなたの考慮すべき答えかもしれませんよ、ジョン」私は言った。「忘れるには長い時間がかかるかもしれない。しかし、その選択肢を提案してみるべきです。さっき、自分だったらそうしてほしいと言ったじゃありませんか」

三週間後、私はジョンに電話した。「ボブの件はどうなりました?」私は訊いた。

「許すことにした。もう一度チャンスを与えたよ。なかなか感慨深いひとときでね。二人とも泣いてしまった。

金は返済するようきっぱり言い渡した。一二〇日の猶予を与えた。そして、このことは会社の誰にも口外しないし、奥さんにも言わないと約束した。私の妻にも内緒だ。知っているのは私たち二人だけで、外に漏れることはいっさいない。そうすべきだと思ったんだ。間違っていないといいが」

数年前の話だ。あの出来事以来、ボブは以前にも増して熱心に働くようになった——一日に一〇時間から一二時間働いているという。それまで以上に会社のために尽くしている。もちろん、不正を働くことは二度とない。

ボブはもうすぐ勤続二五年を迎える。今でもジョンの親友で頼りになる右腕だ。ジョンにとって、敬愛し信頼する腹心である。

相手にどういう態度を取ればいいか判断に迷ったら、相手の身になって考えてみると答えが出る場合がある。

「逆の立場だったら、どうしてもらいたいですか?」と質問されたら、いやでも考えさせられるはずだ。

ジレンマに陥っている人からアドバイスを求められたら、「逆の立場だったら、どうしてもらいたいですか?」と訊いて、あらゆる選択肢を考慮するといい。

! この質問の活用法

「逆の立場だったら、どうしてもらいたいですか?」

「己の欲するところを人に施せ」という格言は広く愛されている。思いやりのある言葉で、さまざまな状況で応用できる。言われてみれば、まったくそのとおりだ。だが、頭ではわかっていても、実践するのはきわめて難しい。

犠牲を伴う赦《ゆる》しは、世界の主要な宗教の説くところである。新約聖書のマタイによる福音書の中で、ペトロはイエスに訊いている。「兄弟や姉妹が私に罪を犯した場合、幾たび赦さなければなりませんか? 七たびまでですか?」すると、イエスはこう答えられた。「七たびではなく、七たびを七〇倍するまで」言うまでもなく、人を赦し、もう一度チャンスを与えるのは、きわめて難しいことだ。赦すことはできても、チャンスを与えることはできないかもしれない。だが、とにかく、この質問をすれば、考え得る解決法をすべて相手に考慮させることができるだろう。

［いつこの質問を使うか］

- 他者に関わる困難な状況や、どうしようもないジレンマに関して、アドバイスを求められたとき

［この質問のバリエーション］

- 誰かが過ちを犯したり、あなたを傷つけるようなことをしたりした場合、「あなたが私だったら、どうしますか？」と訊くと、立場を逆転させられる。そうすれば、相手はあなたの決定を進んで受け入れてくれるかもしれない。

［フォローアップの質問］

- 「なぜそれが正しいと思うのですか？」

25 剣幕をなだめる方法

その電話はのっけからさんざんだった。

電話をかけてきたのは、私のクライアント企業の役員であるビルだった。ビルとはまだ会ったことがなかった。ひどく腹を立てている。脳卒中の発作でも起こさないかと心配になったほどだ。ある重要な計画の進捗状況が気に入らないという。私にこの計画の手直しを依頼したのは事態を悪化させただけだと思っていた。

「さんざんじゃないか」ビルはどなった。「どう考えても、君の提案した方法はまだるっこい。こんなありさまで、どうにかなるとは思えない」

（電話でよかったと私はひそかに思った。面と向かってまくし立てられていたら、どうなったことか）

二五分間、ビルはわめき、ぼやき、非難した。現在取り組んでいる計画に対する不満を訴えた。

まったく結果が出ていないという。そして、経営陣が自己満足に陥っていて、社内にしか目を向けていないと嘆いた。

しかし、肝心の問題には――問題は明らかだったにもかかわらず――触れなかった。ビルの会社が直面している問題は、収益の伸び悩みだったのである。だが、それにどう対処すべきか、経営陣にどうしてほしいか、一言も口にしなかった。

私がこの会社の依頼を受けたのは、ひとえにクライアントの役に立ちたかったからだ。「善意で始めても必ず面倒に巻き込まれる」と、女優で下院議員にもなったクレア・ブース・ルースは言った。たしかに、私の場合もこの皮肉な警句がぴったりだ。

残り五分というときになって、私は穏やかに口をはさんだ。「ビル、ひとつ質問してもいいですか？」

「ああ」ビルはつっけんどんに答えた。

「若い経営陣を見ていて、顧客対応の向上になにが必要か考えたとき、彼らにもっとなにをしてもらいたいですか？」

沈黙が返ってきた。

やがて、ビルは口ごもりながら言った。「それは……いい質問だ」また沈黙。「なんだ、話をそらす気か！」ビルは大声を出した。話の腰を折られたいらだちが声に表れていた。また短い沈黙があって、やがてこう言った。「いいだろう……わかった、その話をしよう」

そして、自身が望ましいと考える変化の利点を語りだした。「要するに、彼らには長期的な計画を示したロードマップが必要だ、君がメールで送ってくれたような。そうだ、一ページの上から見ていくと――なかなかいい。改善すべき三つのポイントが入っているようだな」

こうして、ビルの剣幕はおさまり、怒りは鎮まった。突然、奇跡のように嵐がやみ、海は鏡のように穏やかになった。そして、根本的な問題を話し合うことができたのである。

数ヵ月後、この会社から新しい重要プロジェクトのコンサルティング依頼があった。責任者はビルだ。売り込んだからではなく、適切なときに適切な質問をしたおかげだった。

いい質問には不思議な力があって、険悪な空気をがらりと変え、怒りをやわらげて、相手を本当に重要な問題に立ち返らせる。「彼らにもっとなにをしてもらいたいですか？」とビルに訊くことで、横道にそれていた会話を本題に戻すことができたのだ。

周囲の人のやり方が気に入らず、変えるしかないと主張する人がいる。そういうときは、「彼らにもっとなにをしてもらいたいですか？」と訊いて、ただ非難するのではなく解決策を講ずるようにしよう。

! この質問の活用法

「彼らにもっとなにをしてもらいたいですか？」

彼らを変えるしかない！

よく耳にする批判の言葉である。しかも、批判は伝染しやすい。だが、改善してほしい点を具体的にあげてもらうと、会話の流れを変えられる。不満や非難を訴えるのではなく、どうすれば改善できるかという生産的な対話ができるようになるのだ。相手が問題を理解する助けにもなるだろう。

非難をかわすことよりも、問題を解決することを考えよう。

［いつこの質問を使うか］

- 職場で誰かが不満を訴えたとき
- 特定の人が批判の的になったとき

［この質問のバリエーション］

- 「部下に一点だけ——業績に大きく影響する可能性のある行動を——改善させるとし

たら、それはなんですか？」

- 「どういう点で彼らに変わってもらいたいですか？」

［フォローアップの質問］

- 「なぜ彼らがそれを実行していないと思いますか？」
- 「彼らが適切に行動しないのは知識やスキルが足りないせいでしょうか？　組織に問題があるからでしょうか？　それとも、彼らに能力がないからでしょうか？」

26 深く、深く掘り下げる

「営業部門の重役を対象にした研修会を予定してるんだ。二日間の研修で、どんなプログラムを提供できる？」電話をかけてきたのは、カート・ドーソン、工業機器メーカーの海外営業部の部長である。

（チャンスだ、と私は思った。だが、あせって飛びついてはいけない。手綱を締めてかからないと、この会社にとっても私にとっても、いい結果にはならないだろう）

「お話を聞かせてください」私はカートに言った。「来週にはうかがえます」

「研修から始めるのがベストでない場合もあります」私はつけ加えた。「私の経験からいうと、その必要がない場合も珍しくないのです」相手が私の応対に気を悪くしているのはわかった。カートは研修会を開きたいのだ。だが、本当にその必要があるだろうか？

その五日後、私はカート・ドーソンのオフィスに座って、二〇年使っているというコーヒーメーカーで淹《い》れた舌が焼けそうなコーヒーを飲んでいた。カートは会社のこと、製品や営業担当者のことを熱心に語った。

「うちは市場第一位のシェアを誇っている。品質の高さではどこにも負けない。営業担当者は最大の宝だよ――競合他社は彼らを引き抜くチャンスをうかがっている」

話ができすぎているような気がした。

私は「なぜ」という疑問から始めた。「なぜ研修会を開こうと思ったのですか？」

「それは、営業担当者たちのスキルを継続的に向上させる必要があるからだ」

私は二つ目の「なぜ」を発した。「なぜ営業担当者のスキルを向上させる必要があるのですか？今でも業界の垂涎《すいぜん》の的《まと》なんじゃありませんか」

「スキルが向上すれば、もっと効率よく新規顧客を獲得できるだろう」

さらに私は三つ目の「なぜ」をぶつけた。「なぜ新規顧客を獲得するためにさらに努力しなければいけないのですか？」

カートは生きるためになぜ呼吸しなければならないのかと訊かれたような顔で私を見た。

「現在の顧客基盤ではCEOが設定した成長目標に達することができないからだ。新規顧客をもっと開拓する必要がある」

（これでやっとターゲットに近づいた）

私は四つ目の「なぜ」をカートに向けた。「では、なぜ顧客基盤を拡充できないのですか？」

ぎこちない沈黙が続いた。カートは咳払いして、もごもごと口ごもった。私は辛抱強く待った。なにも言わなかった（生産的な沈黙はぜったいに破ってはいけない！）。

「実は、減少してるんだ。毎年、二〇パーセントの顧客を失っている」

ホラー映画の見せ場で轟《とどろ》く不気味な低音が、サブウーファー・スピーカーから流れてきそうだった。『危険な情事』で、グレン・クローズがむっくりと浴槽から起き上がってマイケル・ダグラスに襲いかかろうとしたときのように。

「二〇パーセントですか」私は批判的に聞こえないように、さりげなく数字を繰り返した。

そして、最後にもう一度「なぜ」と問いかけた。「これはうかがっておかなければならないのですが――なぜ毎年二〇パーセントの顧客を失うことになったのですか？」

「競合他社が数社、シェアを獲得するために価格を下げてきたんだ。だが、いつまでもやれることじゃない。あんな低価格を長期的に維持できるわけがない」

「どうしてわかったんです？」私はさらに追及した。

「営業担当者からアンケートをとった。それに、二、三のクライアントからも聞いたことがある」

（ようやく思っていたところまで掘り下げることができた）

顧客減少の原因、競合他社の戦略、顧客が自社の製品や価格設定をどう考えているか、そういったことを充分に検討してからでなければ、研修会を開いても意味がないと私は伝えた。

研修会の計画はしばらく見合わせるよう説得した。その代わり、私は経営状況を徹底的に調査することになった。

私は営業担当者からも、会社が失った顧客からも話を聞いた。やがて真相が見えてきた。ドーソンの会社が価格競争に負けていたわけではなかった。それよりも、問題は製品の品質と納期だったのである。

私は当初の見通しがはずれていなかったことを確認した。そして、品質と納期の問題を解決しないかぎり、どんなに充実した研修会を開いても時間の無駄だと告げた。

結局、あの五つの「なぜ」のおかげで、私たちが取り組むプロジェクトは、研修会よりずっと幅広い——そして、はるかに影響力の大きなものとなった。私はカートが経営状況を、製造から販売まで、徹底的に見直す手伝いをした。カートは今日に至るまで私の大切なクライアントである。

「こうしたい」と言われたら、相手にとって本当に必要なことを見きわめなければならない。それには「なぜ」と質問をすることだ。五回は続けよう。最初は「なぜそうしたいのですか?」あるいは「なぜこうなったのですか?」から始めるといいだろう。

！この質問の活用法

「なぜそうしたいのですか？」

「なぜ」という質問は、時と場合を間違うと大変なことになる。賛成ではないとほのめかすことになりかねない。責めているように聞こえる場合もある。相手に後ろめたい思いをさせる場合もあるだろう。

その一方で、「なぜ」という質問は、強力なパワー・クエスチョンになる。なにをしようとしているのか相手に考えさせ、問題の核心をつかむ手助けができる。「なぜ」と訊かれると、やみくもに進むのをやめて、自分の行動をじっくり見据えることができる。

時と場合を慎重に判断しなければならないが、できるだけ頻繁に使っていただきたい。

［いつこの質問を使うか］

- 動機を探り出し、理解したいとき
- 相手の望みが本当に必要なことか判断がつかないとき
- 問題の根本原因を理解したいとき

【この質問のバリエーション】

・「そこからどんな結果を期待していますか?」

・「この方法をとることにした決め手はなんですか?」

・「なぜそこから始めようと思うのですか?」

【フォローアップの質問】

・「それはなぜですか?」

・「なぜそうなったとお考えですか?」

・「どうしてそうだとわかるのですか?」

27

常に忠誠を

私がこれまでに出会った誰よりもすばらしい人についてお話しよう。かなり短縮版ではあるが。トーマス・S・モナハンは、ドミノピザの創始者だ。トムがこの仕事を始めたのは、寝室についているクローゼットほどの広さ——四メートル四方ほどしかない場所だった。

一九六〇年のことである。その後、会社は急成長し、店舗は六二五〇以上、従業員は一三万人を超えた。トムはその会社を一九九八年に売却している。

ドミノピザはトムの一族が所有する非公開会社だったので、売却によって得た金額は明らかにされなかった。だが、私の見るところ、一〇億ドルは下らないだろう。

売却を決意したのは、慈善家として第二の人生をスタートするためだった。「死ぬまでにすべて寄付したい」と、あるとき私に語ったことがある（すでにその計画をかなりの程度まで実現した。本人の計算では、これまでに寄付したのは七億ないし八億ドルとのことだ）。

しかし、この章のテーマは、当時アメリカでもっとも急成長を遂げたチェーン店ではない。その話はまた別の機会に譲ることにしよう。

私が語りたいのは、この類まれな人物のことだ。私たちはトムのお気に入りのレストランで食事をしていた（ピザを食べていたわけではない！）

トムは食べ物にかけては、少々こだわりがあった。魚料理にはソースは使わない。澱粉を多く含む食品は摂らない。野菜はバターも油も使わず、蒸して食べる。主治医は一〇〇歳まで生きられるだろうと言っている。トムの人柄や習慣を知っている私としては、それに賭けてもいい。

トムは孤児院で育った。六歳のとき、孤児院の修道女、シスター・ベラルドから大きな影響を受けた。シスターは毎日何度も言った。「トミー、いい子になるのよ、できるかぎりいい人にね。トミー、いい子になるのよ。できるかぎりいい人にね」それ以来、トムはこの教えを守り続けている。いい人になって善行を積んでいる。

私はトムを何度も訪ねて、いろいろな話を聞き出した。トムは私のヒーローなのだ。たくさんの質問をした。とりわけ印象に残った話のごく一部を紹介しよう。

私はスーツ姿以外のトムを見たことがない。いつも緑色の裏地のついたスーツを着て、緑色のネクタイを締めている（モナハンというアイルランドに多い姓から想像がつくように、トムは緑色がシンボルカラーのアイルランド系だ）。朝起きてシャワーを浴びる前からスーツを着ているのではないかと思うぐらいだ。ある日、なぜいつもスーツを着ているのかと訊いたことがある。

ちなみに、トムほど規律正しい生活を送っている人は珍しい。どんなときでも規律と教えを守っている。自分で定めた規律と教えに従って生きているのだ。

スーツの話に戻ろう。きちんとした服装をしていれば、物事をきちんと考えられるとトムは言った。きちんとした行動を取り、よりよい判断が下せる。科学的にも証明されたことだというのだ。数百人いる管理職にも服装規定を定めていた。毎日スーツを着用すること（裏地は緑色でなくてもかまわない）。スポーツジャケットやブレザーは認めない。女性管理職にも服装規定があった。

実業家としても慈善家としても、トムの人生には山も谷もあった。「トム、あなたと知り合ってずいぶんになりますが、ストレスを感じているところを見たことがない、どんな難題を抱えていても。なぜそんなことができるのですか？」

「私がストレスを感じるのは、ソファに横になっていて、芝が伸びたから芝刈りをしなくてはと気づいたときぐらいだな。いつも平静でいられるのは、祈りと運動のせいだろう」

あなたはトムのことをもっと知りたいだろうか？　いつか彼のことを一冊の本にまとめるつもりだ。

だが、今のところは、このとき私がトムに向けた質問のことを話そう。まったく思いがけない答えが返ってきた。想像もしていなかったので、本当に驚いた。

ほかの人にもよく訊く質問だった。「**これまでに達成した最大のことはなんですか？**」これはまさしくパワー・クエスチョンであり、相手は心を開いて魂の一端を見せてくれる。心の奥深くにある記憶の扉を開いてくれるのだ。

さて、想像もつかない答えを聞く心の準備はできただろうか？

「トム、これまでに達成した最大のことはなんですか？」

私は、世界最大の宅配ピザチェーンにまで成長するピザショップの創業時のことではないかと予想していた。だが、そうではなかった。

カトリック系の大学、アヴェ・マリア大学を創設した話か、さもなければ、資金援助をしてアヴェ・マリア・ロースクールをつくった話ではないかと思った。だが、そうではなかった。

それなら、デトロイト・タイガースを買収して、ワールドシリーズを制したときの話だろうか？　これも大変な快挙だ。だが、そうではなかった。

では、レガトゥス（ラテン語で大使）はどうか？　レガトゥスは世界最大のカトリックの組織で、著名な指導者や企業リーダーが参加している。カトリック信仰を学び、実践し、布教することに力を尽くしている。レガトゥスの創設だけでも、なんらかの分野で殿堂入りする価値のある業績である。だが、その話でもなかった。

あなたも驚くにちがいない。トムをよく知っているつもりだった私ですらびっくりしたのだから。トムはなんと答えたのか。

「トム、これまでに達成した最大のことはなんですか？」私は訊いた。

「海兵隊に志願して入隊を許可されたことだ。あれが私の人生最大の快挙だよ」

「なんですって？　あんなに多くのことを成し遂げてきたあなたにとって、海兵隊に入隊したことが最大の快挙なんですか？」

「ああ。あそこで自分を知り、規律や価値観を学んだ。人生が変わった」それから三〇分間、人生の転機になった海兵隊での経験をトムは語り続けた。

アメリカ海兵隊の標語は「センパー・フィデリス（常に忠誠を）」。その精神は、このエリート集団に属したすべての人の心に根づいているようだ。隊員は友愛で結ばれ、終世変わらぬ忠誠を海兵隊と祖国に捧げる。

この質問をして思いがけない答えが返ってきても、驚いてはいけない。相手が普通は見せない心の底を披露してくれたのだ。そう信じていい。

ところで、本題とは関係のない雑学をひとつ。ドミノピザのロゴを見たことがおありだろう。そして、私のように、片方に丸が二つ、もう片方にひとつあるのはなにを意味しているのだろうと思ったことがあるかもしれない。店舗が三つになったとき、トムはデザイナーにロゴの作成を頼んだ。三つの丸は当時あった三つの店舗を表していたのだ。その後拡張を続けても、ロゴはそのままだ。

相手の心の奥にあるものを探り、その人にとってなにがいちばん大切か知るには、こう訊くといい。「これまでに達成した最大のことはなんですか?」

! この質問の活用法

「これまでに達成した最大のことはなんですか?」

この質問をすると、話が段階的に進む場合がある。連鎖的に別の質問が出てくるのだ。たとえば、「ひとつだけ選ぶことができますか?」、あるいは「仕事上のこと、それとも、個人的な出来事や家庭生活に限定したほうがいいですか?」、あるいは「そもそも、達成とはどういう意味でしょう?」といった具合に。理解を深め、有意義な対話につながるパワー・クエスチョンである。

相手がひとつの体験に絞れなくても、学ぶところは多いだろう(ついでながら、あなたもこの質問に答えられるようにしておいたほうがいい。逆に問いかけられる可能性は大いにある)。

［いつこの質問を使うか］

・相手との関係を深め、その人が大切にしていることをもっと知りたいとき

［この質問のバリエーション］

・「私生活で達成できたことで、いちばんうれしかったことはなんですか？」

・「これまでに達成したことで、いちばん誇りに思うことはなんですか？」

・「これまでに達成したことを振り返ってみて、世間の記憶にいちばん残っているのはなんだと思いますか？　その理由は？」

［フォローアップの質問］

・「そのことをもっと話してください。それを答えに選んだ理由は？」

28 私の欠点は煮え切らないところだった。さて、今はどうだか

会議はだらだら続いていた（そうでない会議があるだろうか？）。私は時計ばかり見ていた。時間だけがすぎていく。

あなたにも思い当たる節《ふし》はあるだろう。最近、自分の会社で開かれた会議の話かと思ったかもしれない。

大きな新規プロジェクトの戦略決定会議だった。

三人が一五分遅れてきた。私たちはコーヒーを飲みながら待っていた。議題は「『顧客重視』プロジェクト発進を議論する」という漠然としたものだった。これでは会議の目的がよくわからない。

議論も要領を得ないものだった。内容のない話を得意気に披露したり、独善的なスピーチを長々としたりする出席者が何人もいたからだ。「浅い川ほど騒々しく音を立てて流れる」見本の

ようだった。

私は焦点を絞ろうとした。こんな会議は苦痛以外のなにものでもない。「今日はなにを決める予定ですか?」と訊いた。「これは現在の顧客にどんな影響をおよぼすでしょう?」と問いかけもした。

足場を組んでは解体し、また組み直すかのように、次々とスライドがスクリーンに映し出された。私は考えずにいられなかった。なぜスライドを見てから、またその内容を説明しなければならないのか? 社内で出た意見をひとつ残らずスライドで示す必要があるのだろうか?

会議は正午に終わった(幸い、わずか三時間の予定だった)。誰かが「次にすべきことのリストをつくろう」と言った。みんなうなずいた。堅実な考え方だ。会議のたびに次にすべきことを一覧表にするのは、管理上いい習慣ではないか。

その後の手順は実に手際がよかった。キャシーはビルになになにを調べるように電話する。ロジャーはだれそれに支援を頼んでみる。フレッドは詳細な議事録をつくることになった。ようやく私は口をはさんだ。

「質問していいですか?」全員うなずいた。

「今日はなにを決めたのですか?」

無言。みんなじっと私の顔を見ている。「なにが言いたいんです?」誰かが訊いた。

「具体的になにを決めたか知りたいのです。この戦略決定会議では、新規プロジェクトの基本計画を練り上げるはずだったでしょう。決定事項はなんですか？　まずそれをリストにしてから、次にすべきことを検討すべきではありませんか？」

そこで、決定したと考えられる五つの事項を書き出した。それから、私は順繰りに、出席者に合意の確認を求めた。

すると、五つのうち三項目に対して合意が得られなかった。誰も合意しなかったのだ。しかも、三項目のうちのひとつは、このプロジェクトの重要な目標だったのである。こんな結果になったのは、議論の中で複数の目標を取り上げたせいだった。「顧客定着率の向上、クロスセリングによる関連商品の販売促進、競争で優位に立つ」等々。

一連の目標に優先順位をつけないかぎり、計画の実行は不可能だ。そのことを経営陣に理解してもらわなければならない。

たとえてみれば、買いそろえる調理器具のリストはつくったが、厨房そのものの床や壁のことは考えていないようなものだ。いや、それ以下だろう。厨房をつくろうとしているが、たまに料理するだけなのか、毎日一〇〇人分のディナーを用意するレストラン仕様なのかわかっていない。

まだ仕事は終わっていないと私は告げた。真の問題を絞り切れていなかった。こうして、さらに一時間半、会議を続け、ようやく集まった甲斐のある議論ができた。

これで会議を終えられる。議論を重ねて合意に達した決定事項のリストを作成した。複数の目標のなかのどれを最優先にするか明らかにした。行動計画表もつくった。しかし、これは決定事項や目標の確認にくらべると、二次的な問題にすぎない。
次にすべきことのリストは、会議のあとでつくればいい。それよりも、決定すべきことを決定する。そのほうがはるかに重要だ。

まず、決断できる企業文化をつくること。会議を始める前に問いかけよう。「今日はなにを決めなければいけないだろう?」そして、会議の終わりには「今日はなにを決めただろう?」と訊くといい。

この質問の活用法

「今日はなにを決めただろう?」

多くの組織で、先延ばしはよく見られる現象である（「先延ばし癖をなんとかしたいんだが、なかなかそこまで手がまわらなくて!」）。
誰もが決断を下したがらない。強力な既得権を損なうのではないかと恐れるからだ。

決断して責任を取るはめになるより、なにもしないほうが安全だ。毒にも薬にもならない穏当な行動計画を立てるほうが、簡単でリスクも低い。
チーム全員で決断すれば、決定事項を公表することでチームの結束が強くなる。その結果、全員が同意した行動計画を責任を持って実行することになる。

［いつこの質問を使うか］

- 会議のあと
- 家族や友人と大切な問題を話し合ったあと（「結局、なにか決まったんだろうか？」あるいは「どうすることにした？」といった具合に）

［この質問のバリエーション］

- 悩みや相談を持ちかけられたとき、「私に決められるか、あるいは、あなたが決める手助けができるような問題はありますか？」
- 会議の始めに「この会議の目的はなんですか？」、あるいは「今日決めたいことはなんですか？」

［フォローアップの質問］

・「決定にはなにが必要となりますか？」
・「私たちは全員それに合意しているでしょうか？」

29 長すぎる説明

私はジレンマに陥っていた。

困ったことになった。頭が変になりそうだ。仕事は取りたい。だが、取れたら取れたで、山ほど面倒を背負い込みそうな気がしていた。結局のところ、諺にあるように「絞る価値のない果汁」なのではないか。

クライアント候補の企業とプロジェクトの打ち合わせを始めたのだが、相手の担当者がうんざりするほど細かい。私がこういう方法をとろうと思うと言うと、いちいちその理論的裏づけを知りたがる。私のスピーチは前もって聞いておかなければ気がすまない。社員を対象としたワークショップで使うスライドをチェックすると主張する。参加人数は全社員の何パーセントになるか、正確な数字まで求められた。

次から次へと出てくる彼の要求や指示にどう応えればいいかわからなかった。

契約は取りたい。だが、直感的にこのままでは危ないと思った。考えれば考えるほどわからなくなった。

イタリアに「シ・ヴェデ・イル・ボン・ジョルノ・ダラ・マッティーナ」という表現がある（朝の具合でどんな一日になるかわかるという意味だ）。つまり、物事は最初が肝心というわけである。この場合、どう考えてもいい滑り出しとは思えなかった。

私は師と仰ぐ友人の著作家、アラン・ワイスに相談することにした。アランは問題を分析して核心に切り込むのが得意だ。ぶっきらぼうといえるほどの態度で問題を掘り下げていく。そんな突き放した態度に傷つくこともあるが、相談すると必ず気持ちがすっきり整理できるのだ。

アランに電話した。「あなたに訊きたいことがあるんです」

「そうか、話してみてくれ」雑談はいっさいなし。アランはすぐ本題に入る。

「実は、新規客ができそうなんです。シカゴにある大企業の重役で、決まれば大口契約になります。意欲的なプログラムを組んで、収益拡大を図り、利益志向の企業文化をつくろうとしているんですが」

私はさらに顧客に関する予備知識を提供した。「しかも、彼はひっきりなしに電話してくるんです——週末でもおかまいなしに！」

なにもかもアランに説明しなければいけないと思った。そうしないと話が始まらない。全体を把握した上でなければ私が抱えている問題がわからないだろうし、適切なアドバイスもできないはずだ。私はさらに数分間話し続けた。

「ちょっといいかな？」アランが口をはさんだ。

「いいですとも」私は言った。

「問題はなんなんだ？」

そう言われて、調子が狂った。アランに伝えたいことはまだたくさんあったのだが。

「つまり……この男は今回のプログラムを自分ひとりで仕切っているつもりなんですよ。だから……」私はまた適切な忠告に不可欠だと思っていた情報を伝えようとした。

アランがまたさえぎった。

「質問はなんだ？　五分前に私に訊きたいことがあると言っただろう。なにが訊きたいんだ？」

私は言葉につまった。

「それは」私は考えた。「要するに、仕切りたがり屋で、細かいことにまで口を出すクライアントにどう接したらいいかということです」アランの笑い声が聞こえた。

「たしかに、それは問題だな。たとえば、クライアントにソフトウェアを売る場合、ソフトウェアの書き方まで説明しないだろう。それと同じで、コンサルティングの方法を説明する必要はない。君はその分野のエキスパートなんだ。そのクライアントに言うといい。ベンツを買うためにショールームに行って、ドイツの工場で製造工程を見学して、自分の買う車の製造方法を提案したいという客はいないだろう、と。ベンツは優れたブランドだ。最終的な製品が高い期待に応え得ると信頼していい。

　同じことだよ。こう言ってやることだな。『私を雇おうと思ったのは、私の経験や専門知識や業界での評判を買ったからでしょう。私にはこうした問題に長年取り組んできた実績があるのですから、私に任せてこのプログラムを御社にとってもっとも効果的なものにすべきです』」

「そうか」私はつぶやいた。

「聞いているのか？」アランが言った。「これで答えになったかな？」

「なりましたとも、ああ、すっきりした。ありがとう」

「いいんだよ、礼なんか。ほかになにか？」

「いえ、助かりました」

「いつでも電話してくれ」

　私はアランに問題の予備知識を与えようとした——五分、いや、一〇分は説明しなければいけないと思った。しかし、実際には、そんな必要はなかったのだ。ただこう言えばよかったのである。「教えてほしいことがあるんです」情報が必要だと判断したら、アランは説明を求めたはずだ。

　たぶん、あなたも同じような経験があるだろう。「訊きたいことがあるんです」と誰かが言ってくる。そして、自分が巻き込まれた複雑な状況を微に入り細を穿《うが》って一〇分も説明し続ける。話題を問題の核心に絞ったほうが、あなたも相手も助かる。それにはこう訊くことだ。「問題はなんですか?」

この質問には解決すべきことをくっきりと浮かび上がらせる力がある。深い霧に差し込む明るい朝日のように。

アドバイスを求められたとき、相手の説明が曖昧だったり、むやみに予備知識を与えようとしたりしたら、こう訊くといい。「問題はなんですか?」

この質問の活用法

「問題はなんですか?」

これは相手のためになるが手厳しい質問である。相手は抵抗するだろう——しばしば強硬に。だが、ためらってはいけない。

アドバイスを求められたり「意向を打診」されたりしたとき、この質問をすると、相手を大いに助けることになる。相手は考えをまとめることができる。そして、問題がなにか明確にし、どんなアドバイスをしてもらいたいのか具体的に考えるための第一歩を踏み出せるのだ。
この質問をすれば、体裁を取り繕ろおうとする相手の態度を改めさせられる。そうなれば、実のある話し合いができるだろう。

［いつこの質問を使うか］

- 誰かから訊きたいことがあると言われたが、なにを訊きたいのかよくわからないとき
- アドバイスを求められたが、問題が漠然としすぎていて、なにに対してアドバイスしてほしいのかわからないとき

［この質問のバリエーション］

- 「そのあたりに問題があるようですが……具体的にどういうことですか？」
- 「なにに関してアドバイスしてほしいのですか？」
- 「言及された問題はいくつかありましたね。いちばん大変な問題はなんですか？」

［フォローアップの質問］

- 「どんな対応をとってみましたか？」

・「どんな選択肢があると思いますか？」
・「いちばん気がかりなことはなんですか？」

30 今日は特別の日

友人のロビー・ウェインバーグがディナーに招待してくれた。特別の晩餐だ。

彼の家族と、ユダヤ教の正餐、セデルを祝わないかと誘ってくれたのである。ユダヤ人のエジプト脱出を記念する過ぎ越しの祝宴だ。過ぎ越しの祭りはユダヤ教の祝祭のなかでいちばん有名で、大半のユダヤ系の家庭で祝われている。

セデルには親族が集まって、信仰に基づいた精神的絆を深める。イエスが最後の夜に十二使徒と集ったのも、このセデルのためだったとされている。これが「最後の晩餐」だ。

食堂のテーブルにはロビーの家族や親戚が並んでいた。縁なしの小さな帽子、ヤムルカを渡された。これをかぶれば家族の一員というわけである。

とても感動的な集いだった。儀式が始まった。テーブルにはマッツォ（イーストを入れていないパン）、苦菜《にがな》、卵、塩水。そのあと、子羊のローストとワインが供された。

そして、これまで聞いたなかでもっとも魂を揺さぶる質問が投げかけられた。しばし私になったと想像していただきたい。大きなテーブルの上席に座っている。親族がおおぜい集まって、儀式が執り行なわれている。聖書の出エジプト記が読み上げられる。そして、そのあとにこう問いかけられたのだ。

「なぜ今夜はほかのすべての夜と違うのだろう?」

実は、これと同じような質問を私は長年繰り返してきた。子供たちがまだ小さかったころ、毎晩寝かしつけながら訊いたものだ。「今日がこれまでで最高の日になるような出来事があったかな? 今日はどんなすばらしいことがあった?」

こんなふうに訊かれると、その日いやなことがあったとしても、記憶の中で色あせてしまう。いじめられたことも、運動場で転んだことも、難しい掛け算の問題も、チームのメンバーに選ばれなかったことも、チューインガムを踏んでしまったことも。そんなことは全部忘れてしまうのだ。

それに代わって子供たちの心に浮かぶのは、とびきりの瞬間だ。先生に当てられて正しく答えられたこと。休み時間が一〇分延びたこと。放課後、仲良しの友達と遊んだこと。

今日がこれまでで最高の日になるような出来事があったかな? これはすばらしい質問だ。今では子供たちも成人して、それぞれ家族がいる。そして、自分の子供たちに同じ質問をしている。

私は今でも一対一で向かい合ったり、グループに向かって話したりするとき、この質問をすることがある。昇進したとか、顧客に満足してもらえたといった答えが返ってくることもある。だが、それ以上に、小さな出来事が大きな喜びをもたらしてくれたと語る人が多い。子供の笑顔だったり、美しい夕日だったり、配偶者との楽しい会話だったり。

これは魔法の質問だ。夜空の星を眺めるのに似ている。じっと目を凝らしていると、星はどんどん輝きを増すだけでなく、それまで見えなかった星が見えてくる。

こう訊かれると、私たちは束の間立ち止まる。ロバート・フロストの言う「発見のとば口」に立ったのである。車輪が回り始める。そして、喜びとほほ笑みが湧き上がる。

試してみてほしい。夕食の席でこの質問をしてみよう。まだ小さい子供が家にいる幸せな方々は、寝かしつけるとき問いかけてみていただきたい。友人にも訊いてみよう。きっと輝くような瞬間とこの上ない喜びを見出せるだろう。

パワー・クエスチョンが、発想を広げ、反応を引き出すとすれば、この質問はまさにそうした生気と活力にあふれている。魔法の言葉だ。

ウェールズの詩人、ディラン・トマスは、「命に心動かされ、火の中で刻んだ」と歌った。まさにそのとおりだ。「今日が最高の日になるような出来事がありましたか?」という質問には、そんな不思議な力がある。

その人にとってなにより大切な瞬間を語ってもらおう。その日いちばん楽しかったことを存分に味わってもらえるように、「今日が最高の日になるような出来事がありましたか?」と訊くといい。

(!) この質問の活用法

「今日が最高の日になるような出来事がありましたか?」

夕食の席で、友人とのカクテルを楽しむとき、あるいは、一日の最後に家族とすごすときに打ってつけの質問だ。十中八九、前向きな答えが返ってくる。訊かれた人はその日を振り返って、その日あったいいことだけを思い出す。この質問のすばらしいところは、あふれ出した喜びがほかの人にも伝染することだ。

もしも返事が悲観的なものだった場合は——そういうことはあまりないが——雲や嵐がなかったら虹も出ないことを思い出そう。明日はいい日になるだろう。いずれの場合も、この質問がきっかけとなって、思いがけない話が聞けるはずである。

【いつこの質問を使うか】

- 一日の終わりに、誰かと話しているとき
- 旅行や冒険や遠出から帰ってきた人に

【この質問のバリエーション】

- 「今日一日のことを話してくれませんか?」
- 「今日、笑顔になるようなことはありましたか?　しかめっ面になるようなことは?」

【フォローアップの質問】

- 「なぜそれがそんなに心に残ったのですか?」

31 決して遅くはない

「いや、大変だったよ」ロジャーが言った。「どうなることかと思った」

「どうなることかって?」私は驚いた。「あなたは人前で萎縮したことなどないでしょう。想像もつきませんよ、あなたが言葉につまるなんて」

くわしい話が知りたかった。ロジャーは私が知るかぎり誰よりも有能で自信にあふれたコンサルタントだ。並のコンサルタントではない。

ハーバード・ビジネススクールを最優等《ベイカー・スカラー》で卒業したあと、世界中で名の通ったコンサルティング会社に一五年勤めた。その後、『フォーチュン』誌で上位一〇〇社に選ばれるような企業にCEOとして迎えられた。五年間、実業界でリーダーシップ能力を磨いてから、またコンサルティング会社に戻り、今ではその会社の共同経営者だ。

ロジャーは人づき合いが上手で、しかも、鋭い分析力を備えた非凡な人物である。クライアントに接するときは、一部のコンサルタントのように「間違うこともあるが迷うことは決してない」式の自信を示したりしない。それよりも、「あなたの立場ならきっとそうだろう」という理解と共感を示すのだが、それは三〇年の経験があってできることだった。

「教えてくださいよ。なにがあったんです？」私は訊いた。ロジャーは椅子に深く座り直して、またコーヒーに口をつけた。私はペンとメモ帳を手にして身を乗り出した。

「ある企業から、大々的な戦略開発プロジェクトの依頼を受けた。世間的にも注目されそうなプロジェクトだ。契約までに三ヵ月あって、ようやくCEOとの面談にこぎつけた。

それまでにも数回顔を合わせたが、いつも言葉を交わす程度だった。だが、今度は一対一で、しかも、時間はたっぷりあった」

「いい話じゃないですか。それで？」

「君は相手を知らないからだよ。とにかく威圧感のある男でね。二メートル近い巨漢で、トルコ石のような鮮やかな青い目をしている。記憶力抜群で、交わした言葉や一度読んだことはぜったい忘れない。会社の経営をあそこまで完璧に掌握しているCEOは見たことがない」

（私は心の中で考えた。会うのがロジャーで、私でなくて助かった。温厚な人柄で知られるアメリカ南軍のロバート・E・リー将軍が、激しい気性で有名なイギリス陸軍元帥バーナード・モンゴメリーを戦略会議のために訪ねていくようなものだ）

「彼は孤児院で育った。並はずれた知性と厳格な職業倫理の持ち主だ。アイビーリーグの有名大学に進んで、主席で卒業した。製造工場の未熟練労働から一歩一歩階段をのぼって、会長兼CEOにまでなった。あと数年で引退する予定だ。

困ったのは……このCEOになにか気の利いたことを言おうとしても、なにも思いつかないことだった。高い知性の感じられる発言や洞察力に富んだ情報を提供して、私が彼の会社にとって価値のある人間だと再認識させなければならないというのに。

数日考えたが、戦略分析をしたところで、特に目新しいことが出てくるわけでもないと気づいた。万事遺漏なく準備したし、興味深い発見もたくさんあった。だが、この種のことを話題にしても、特別心に残るとは思えなかった。

結局、インパクトの強い質問をしようと決めた。だが、わざとらしくなくて、少なくともすでに一〇人から訊かれていない質問となると、なにを訊けばいいだろう?

「それで、なにか思いついたんですか?」

「質問は単純で、直接的で、個人的なものがいい。それで、プロジェクトのブリーフィングを終え、雑談もネタ切れになると、私は深呼吸してから、訊いたんだ。

『ウィリアム、うかがいたいことがあるんですが』

『ああ、なんでも訊いてくれ』と彼は答えた。

『あなたはすばらしいキャリアの持ち主です。工場から始めて出世の階段を一段一段のぼり、たくさんのことを成し遂げた。賞賛されたり表彰されたりしたことは数え切れないでしょう』

ＣＥＯは笑みを浮かべた。方向は間違っていなかったのだ。彼は控え目にうなずいた。

『振り返ってみて——ほかにしたかったことはありませんか？　まだ果たしていない夢は？』

彼ははっとして私を見つめた。心の中まで見通すような目で。しばらく物思いにひたっていた。それから、ゆっくりと言った。『ロジャー、君も知ってのとおり、私は長年にわたって取締役会と密接な関係を保ってきた。多くの投資銀行家やコンサルタントと仕事をしてきたし、数多くの財団にも関わってきた。さまざまな分野の一流の人々に接してきた。だが、誰一人こんなことは訊かなかった。こんな質問をされたことはない、ただの一度も』

また短い沈黙があった。それから彼は語りだした。『実は、考えていることがあって……』

面談は一二時きっかりに終わる予定だったが、結局、三〇分延びた。分刻みのスケジュールに追われているＣＥＯにとっては、とてつもない時間だ。そして、それ以上にうれしかったのは、私たちの距離がこの質問をきっかけにぐんと縮まって、今日に至るまで親密な関係を保てるようになったことだった」

私はロジャーのクライアントの答えが知りたくてたまらなかった。だが、それは次の機会を待つことにしよう。

「引退したあとの彼の計画も興味深かった」ロジャーは続けた。「だが、それはこの話のテーマではない。テーマはこの質問だ。適切な時期にこの質問をぶつけるといい。『ほかにしたかったことはありませんか？』それは相手の夢を訊くことなんだ」

クライアントや同僚や友人がこれまでに成し遂げたことを賞賛しよう。だが、そこでやめてはいけない。彼らが心に秘めている夢を聞き出すのだ。それにはこう訊くことだ。「ほかにしたかったことはありませんか？　まだ果たしていない夢は？」

この質問の活用法

「ほかにしたかったことはありませんか？」

どんな地位についていても、どんな人生を送っていても、ほとんどの人にはまだ果たしていない夢があるものだ。だが、その夢を訊かれることはまずない。

計画や報告や推薦に関してなら、誰でも話を進めることができるだろう。この質問をすることでそこから一歩踏み込み、得がたいひとときをつくり出せるはずだ。

［いつこの質問を使うか］

- すでに何度か会ったことのある人と関係を深めたいとき
- どんな地位にある人に対してでも
- あと数年で引退するリーダーに

［この質問のバリエーション］

- 「まだかなえていない夢がありますか？」
- 「次になにをするか計画がありますか？」
- 「この仕事のあと、挑戦してみたいことはありますか？」
- 「キャリアを積む上でめざしていることはなんですか？」

［フォローアップの質問］

- 「それはいつごろ実現しそうですか？」
- 「それによって活動範囲が広がると思いますか？」
- 「その方向に進むとしたら、次にすべきことはなんですか？」

32 人生の棚卸し

私の人生でいちばん興奮した忘れがたい一日だった。その話をしよう。始まりは一本の電話だ。「カリフォルニア州クレアモントのピーター・ドラッカーの電話番号が知りたいんですが」私は長距離電話のオペレーターに言った。

(本当にドラッカー博士と話ができるとは思っていなかった。たぶん留守番電話になっているか、そうでなくても、ご本人が電話を取ることはないだろう。それでも、試してみようと思った。メルヴィルが『白鯨』に書いている言葉を思い出しながら。「行動を起こす人は、遅かれ早かれ成功するための方法を見つけ出す」)

「ピーター・F・ドラッカーですか?」オペレーターが念を押した。私はドラッカー氏のミドルネームのイニシャルは知らなかったが、クレアモントにピーター・ドラッカーという名前の人がそんなにたくさん住んでいるとは思えなかった。私はそうですと答えた。オペレーターがまた訊いた。「マーチャンド・ストリート八四七番地に住んでいる方ですか？」

「ああ……おそらく私が探しているドラッカー氏だと思います」次に電話から聞こえてきたのは、ピーター・ドラッカー博士の声だった。五〇年アメリカで暮らしているはずだが、強いオーストリア訛が残っている。

私は電話した理由を説明した。非営利組織の経営陣の責任に関する本を書いているのだが、博士の著作から数行、引用させていただけないだろうか、と。

ピーター・ドラッカーは現在でもマネジメント論における世界的権威と目されている。著名な著述家であり、大学教授であり、コンサルタントでもある。現代の企業や非営利組織の経営管理にこれほど大きな影響を与えた人物はいない。

私は非営利組織の経営がテーマだと説明した。「営利企業の経営に関してあなたほど広い知識を持つ人はこの国にはいません。営利企業と非営利組織には重要な類似点がいくつかあると思うのです。その点についてご意見をお聞かせ願えないでしょうか？　改めてお電話をさしあげたいのですが、いつでしたら、ご都合がよろしいでしょうか？」

「着眼点がすばらしい」博士は言った。「実は、私も非営利組織の経営について執筆中でね。よかったら、一度訪ねてこないか。一緒に検討しよう」

なんという幸運！　ピーター・ドラッカーと問題を検討できるとは。

「日曜日にクレアモントまで来れるかね？」私はその提案に飛びついた。結局のところ、クレアモントまではたかだか四八〇〇キロである。私たちは三週間後の日曜日に会う約束をした。カリフォルニア州のオンタリオ空港に着き、レンタカーを借りて、マーチャンド・ストリートに向かった。簡素な自宅のベルを押したのは、きっかり九時だった。

ドラッカー博士は古いチェックの開襟シャツを着ていた。

「さあ、どうぞ。会うのを楽しみにしていたんだ。妻がコーヒーを用意している。キッチンで話そう」

私は丸一日、憧れの人とすごした。精いっぱい急いでせっせとメモを取った。レポート用紙二冊分になった。数ヵ月後、もう一度午後を一緒にすごすことができた。だが、その話はまた別の機会に。

なにより熱心に話し合ったのは、ドラッカー博士が「もっとも重要な五つの質問」と呼ぶ問題に関してだった。面目ない話だが、私は五つのうち四つしか書き留められなかった。

博士の存在感に圧倒されて、口をはさむのが憚られたのだ。あとになって五つ目の質問を思い出した。そのことはもう少しあとでお話ししよう。

「経営陣が必ず考慮しなければいけない質問が五つある」博士は言った。「組織が成功をおさめるためには、こうした質問に対して思慮に富んだ明確な答えを出す必要がある。それをひとつずつ説明しよう」

（さて、読者のみなさん、この五つの質問は、組織だけでなく個人にも当てはまる。ここでは、

なぜそれが個人にとっても意義深く価値のあることか説明しよう）

第一に、ドラッカーは組織の使命《ミッション》を考慮すべきだという。私は組織だけでなく個人もミッション・ステートメントを持つべきだと信じている。私自身、それを実行してきた。なかなか発奮材料になる。

個人的なミッション・ステートメントでは、以下の質問に答えること。私はどんな人間なのか？　なににいちばん価値を見出しているのか？　身をもって実現したいことはなにか？　一生のうちになにを成し遂げたいか？　身近な人にどう接すればいいか？　そして、どう接してもらいたいか？　人生の目標はなにか？

よく考えてみよう。そして、それを書き出してみる。ミッション・ステートメントをつくると、自己を知り、私はこういう人間なのだと宣言して、宣言したことを実現できるだろう。

個人的なミッション・ステートメントを書き終えたとき、あなたはこの地球に生を享《う》けた理由がはっきりわかるはずだ。ヘミングウェイの言葉を借りるなら、「自分について知っていると思っていたすべてのことを剥ぎ取られる」。ほかの四つが無理だとしても、ミッション・ステートメントはぜひつくってみてほしい。心を覆っている薄皮を一枚一枚剥がしていこう。

次に、ドラッカーは顧客とは誰かを知る必要があると説いている。個人に置き換えると、あなたが誰と時間をすごしたいか、意識してはっきりさせるわけだ。どんな人とつき合いたいのか？　その人たちは価値観や興味をあなたと共有しているか？　あなたのエネルギー源となり、刺激を与えてくれるか？

ドラッカーはさらに第三の質問をする。「顧客にとっての価値はなにか？」個人レベルでは、友人や家族や同僚にとってなにが大切かを理解しなければならない。彼らの目標や優先事項はなにか？　そして、あなたとの関係でなにを大事にしているのか？

詩人のマヤ・アンジェロウはこう言っている。「誰もあなたが彼らに言ったことは覚えていない。あなたが彼らにしたことも忘れてしまう。でも、あなたと接したときどんな気分になったかは決して忘れない」

私がメモすることのできた最後の質問は、「どんな成果を求めるか？」である。個人の場合は、「成果」を「期待」と置き換えていいだろう。

周囲の人はあなたがなにを期待しているかちゃんとわかっているだろうか？　子供がいるなら、あなたは子供になにを期待しているだろう？　配偶者やパートナーに対してはどうか？　上司には？　社員や同僚には？　そして、そうした相手があなたになにを期待しているか知っているだろうか？　どうしてほしいか彼らに訊いたことがあるだろうか？

五番目の質問を私は書き留められなかった。思うに、人生でいちばん知的好奇心を刺激された一日の最後に聞いたからだろう。私の頭は新しい知識と興奮ではち切れそうだったのだ。

さて、その質問とは「あなたの計画はなにか？」である。これも組織のみならず個人にも当てはまる。あなたは自分のミッションを明らかにし、身をもって実現したいことを確認した。時間とエネルギーをかけて関わりたいのはどんな人かもわかっている。そうした相手がなにに価値を見出し、なにを大切にしているか理解しようと努めた。そして、相手もあなたになにを期待できるか、あなたがなにを期待しているか知っている。

そこまでできたら、あとは今後の計画――めざすゴールにたどりつくための短期的、中期的、長期的行動計画を立てればいい。計画を立てないと、どこにたどりつくかわからない。どこにもたどりつけない場合もある。

以上がピーター・ドラッカーの五つの質問である。著述家が提唱したもっとも深い考察として定評がある。これを人生の指針にしてほしい。あなたを前進させる力となるはずだ。周囲の人にも問いかけよう。できるだけ頻繁に。

「人生は勇気をもって挑む冒険」というヘレン・ケラーの言葉を忘れないでほしい。まずはミッション・ステートメントから始めてみよう。

限界まで自分に挑戦しよう。ピーター・ドラッカーの五つの質問――ミッション、人間関係、価値観、期待、そして計画に関する質問を自問し、周囲の人にも問いかけよう。

(!) 個人生活におけるピーター・ドラッカーの五つの質問の活用法

1　あなたのミッションはなんですか?
2　時間とエネルギーをかけて関わりたいのはどんな人ですか?
3　あなたの身近な人の重要な目標や優先事項はなんですか?
4　周囲の人になにを期待していますか?　そして、彼らはあなたになにを期待していますか?
5　どんな計画を立てていますか?

マネジメント論の第一人者、ピーター・ドラッカーは、ミッション、顧客、価値観、成果および計画に関する五つの質問をクライアントに提起するのが常だった。クライアントには大企業が多かったが、それだけでなくアメリカ赤十字社やガールスカウトといった非営利団体もあった。ドラッカーに質問されると、自信満々のCEOですら動揺したという。

この五つの質問を人生に活かそう。こうした質問を自分に問いかけて限界に挑戦するのだ。あなたの中に潜んでいる可能性を引き出そう。心の水位を下げて、水面下にあるもの、あらわになった土手にあるものを観察しよう。偶然に支配された人生と、意識的に計画し選択した人生と、あなたはどちらを選ぶだろう？

人を指導する立場になったときにも、この五つの質問は役立つ。状況によって、どれかひとつ選ぶのがポイントだ。人間関係を築きたいと願う人には、「その相手が今なにを目標にし、なにを優先しているか知っていますか？」と訊くといい。リーダーシップをとる立場の人には――仕事上でも親としてでも――こう訊くといいだろう。「周囲の人はあなたがなにを期待しているか知っていますか？　あなたの期待を伝えましたか？」

33 なにより気がかりなこと

相手はそわそわと膝を揺すっている。目は宙をさまよっていて、なにも質問しようとしない。こういうときはなにか手を打ったほうがいい。事態は少々厄介だ。

大手サービス会社の共同会長であるキャスリーンと面談したときのことだ。この面談は何週間も前から決まっていた。テーマは私が請け負ったプロジェクトの進捗状況の検討。私は入念に準備して報告書を作成した。進捗状況をわかりやすく要約した明快な内容だった。

二〇分ほど説明したが、キャスリーンの注意を引くことはできなかった。まったく反応がない。落ち着かない様子で黙り込んでいる。目を合わそうともせず、うつむいて自分のブラックベリーを見つめていた。

あなたにもこんな経験があるだろう。困ったことだ。相手はあなたの話を聞いているふりをしながら、膝にのせたスマートフォンをちらちら眺めているのだ。心ここにあらずといった様子で。

私は話をやめて、五秒ほど待った。忙しい重役との面談で五秒は決して短い時間ではない。

「キャスリーン」私は訊いた。「今朝、話し合わなければいけない最重要問題はなんですか?」

キャスリーンは背筋を伸ばし、急に身構えた。

私はまた待った。

「そうね」キャスリーンはゆっくり言った。「参考になったわ、最新情報が得られて。この要約はわかりやすいし、あなたの提案もすばらしいと思う。よくできてるわ」

「それはどうも。まだ三〇分ほど残っています。話題をひとつに絞るとしたら、なにを話し合いましょうか?」

キャスリーンは視線を上げて私の顔を見ると、首を振った。そして、ため息をついた。「チームのメンバーが乗り気じゃないらしいの。みんなよくわかっていないみたいで」

「くわしく話してください。『乗り気じゃない』となぜわかるんですか? なにがうまくいかないんです?」

話の流れが変わった。それから三〇分間、私たちはキャスリーンのチームのことを話した。私がさらにいくつかパワー・クエスチョンを発すると、キャスリーンは少しずつ状況を説明し始めた。私はチームが足並みをそろえて戦略を実行できるように予備知識を提供した。プロジェクトのことは次の機会に話し合うことになった。

せっせと準備した報告書はほとんど出番がなかった。たぶん、それでよかったのだろう。

面談を終えて立ち上がると、キャスリーンが言った。「来週この件でもう一度会えないかしら？とてもいい質問をしてくれたし、提案も納得がいくものだった。もう少し掘り下げてみたいの」

それから六ヵ月後。あのとき話し合ったことに基づいて、キャスリーンはチームを大々的に変革した。私はキャスリーンに依頼されて、チームのメンバーと一対一で効率に関する話し合いをした。

「今日話し合わなければいけない最重要問題はなんですか？」という単純で直接的な質問がきっかけとなって、キャスリーンは組織改善に取り組むことができたのだ。そのおかげで私たちの関係も深まった。

どちらにとっても重要な問題を協力して解決していくと、その過程で結びつきは次第に強くなる。心が響き合うことも多い。こうして、互いになくてはならない存在となっていくのである。

数年前にコンサルティングをしたCEOから貴重な話を聞いた。なくてはならない存在になるための秘訣である。

「覚えておくといい」彼は言った。「クライアントから成長と利潤の一部とみなされていたら、君から学ぶことはまだいくらでもあるということだ。しかし、管理すべきコストとみなされたら、いつお払い箱になっても不思議はない」

重要なのは、相手にとってなにより気がかりな目標や優先事項を話題にすることである。それができれば、成長と利潤の一部とみなされるだろう。あなたは相手にとって投資対象でありコストではない。

相手がうわの空だったり、所在なさそうにしていたりしたら、あるいは、今話していることが相手にとってなにより気がかりな話題ではないと感じたら、こう訊くといい。
「今日話し合わなければいけない最重要問題はなんですか?」

この質問の活用法

「今日話し合わなければいけない最重要問題はなんですか?」

話していることが相手の緊急課題となんの関係もなかったら、本気で話を聞いてはもらえないだろう。相手にとっていちばん重要なことに話題を絞ることができたら、話に引き込み、大きな影響力を持つことができる。

［いつこの質問を使うか］

- クライアントや上司に報告するとき
- 売り込みをするとき
- 配偶者や大切な人に対して

【この質問のバリエーション】

- 「今日はなにを話し合いたいですか?」
- 「気がかりなことはなんですか?」
- 「あと二〇分残っていますが、今日まだ話題にあがっていないことはありませんか?」
- 「問題になっているのに、まだ取り上げていないことはないでしょうか?」

【フォローアップの質問】

- 「くわしく話していただけますか?」
- 「なにがあったんですか?」
- 「現時点でこれが重要な理由は?」

34 今を精いっぱい

彼は欲しいものはすべて手に入れた。

コネチカット州の高級住宅地に構えた豪奢な邸宅、愛する家族、本人ですら信じられないほど多額の報酬。そして、最近の昇進。

彼の仕事についてお話ししよう。世界でも有数の会計事務所、ＫＰＭＧのＣＥＯ兼取締役会長である。少なからぬ犠牲を払って到達した地位だった。連日の長時間労働と頻繁な出張で、家庭を顧みる余裕もないまま出世の階段をのぼってきた。

ジーン・オケリーは、まさに世界の頂点に立っていたのである。

そんなオケリーを思いがけない運命が待ち受けていた。半年ごとの役員健康診断で、オケリーはたびたび起こる症状を医師に訴えた。そして、精密検査を受けた。病院でさまざまな検査も受けた。

診断が確定した。いい知らせではなかった。最悪だった。

ジーン・オケリーは手術不能の脳腫瘍を宣告されたのだ。余命は長くて九〇日。あっという間に過ぎ去ってしまう日々――ときおり立ち止まって改めて眺めないかぎり、気づかないぐらいの時間だ。

突然、絶望の淵に突き落とされたオケリーがどう感じたか、それは私たちにはわからない。どんなふうに妻に知らせたのか？　診断をどう受け止めたのか？　眠れぬ夜に恐怖とどう闘ったのか？　こういう場合、残された日々は、本人の強さに比例して短くなったり長くなったりするものである。

私たちにわかるのは、オケリーが意志の強い意欲的な人間で、しかもリアリストであることだ。おそらく、死の宣告を受けたあと早い時期に、この残された貴重な九〇日を不運を嘆きながら無駄にしてはいけないと悟ったにちがいない。企業人としての経験から、計画が頓挫したとき速やかに次善の策を講じられる人が成功をおさめることを知っていたのだろう。

オケリーは残された九〇日を記録する日記をつけることにした（実際には、オケリーはさらに六〇日生きることができた）。

さて、みなさん、メモのご用意を。

オケリーが書いた本をぜひ読んでほしい。『ビジネスマンに贈る最後の言葉』という本だ。私は強い感銘を受けた。あなたもきっと感動するはずだ。それは保証する。

この本が気づかせてくれたのは、物事は初めて見るような新鮮な目で見ると同時に、これが見納めかもしれないと心して眺めなければならないということである。実際、いつそれが最後になるかわからない。すべてを吸収し、記憶にとどめよう。その瞬間をしっかりととらえよう。

私はワークショップやセミナーなどで講演をしている。年間約六〇日、そうした話す仕事に関わっている。この先も何年か続けるだろう。

オケリーの本を読んでから、私は講演を始めるにあたって、集まった人にこう訊くことにしている。あと九〇日しか生きられないとしたら、みなさんはどうしますか？　誰を訪ねますか？　改めたい過ちは？　友情に感謝したい友人は？　最後にもう一度行ってみたい場所は？　最後の日々を家族とどうすごしたいですか？

もうおわかりだろう。人生はいつどうなるかわからない。人間は生まれたその日から死に向かっている。だからこそ、精いっぱい生きて、人生という器を喜びや達成感や満足感で満たそう。永遠に生きるかのように、そして同時に、明日死ぬかもしれないという思いを持って働こうと伝えたいのだ。

二年ほどこの質問を続けたあと、もっと効果的なパワー・クエスチョンがあることに気づいた。その質問とは、**「あと三年しか生きられないとわかったら、あなたはどうしますか？」**。効力が大きいのは、三年のほうが深く考えなければならないからだ。実際、次から次へと考えることが出てくるだろう。

九〇日なら、これまでの人生を大急ぎで整理し、こぎれいな箱につめてリボンをかけるようなものだ。だが、三年となると、まったく別の作業になる。ずっと多くのことを考え計画しなければならない。整理すればすむわけではない。やがて、いくら考えて計画を立てても、状況は変わらないことに気づく。それなら、眺め方を変えるしかないだろう。

こうして、いやおうなく進んでいく状況をじっくり眺めることになる。だが、突然、前触れもなく終止符が打たれる。その先はもうない。

期限を三年に延ばすのは、なかなかいい発想に思えた。それで、講演ではこれまでと少し違うことをすることにした。今では必ず実施している。

まず、全員になにも書いていない封筒を渡して、差出人住所を書いてもらう。宛先は自分にして「私用親展」と書く。切手を貼る場所には、日付を入れる。

封筒の用意ができたら、短い作文を書いてもらう。特別の作文だ。

「構文やスペルや句読点にはこだわらないで。学校で習った文法はいっさい忘れてください。思いつくままに書いていただきたいのです。

頭の中を真っ白な紙にしてください。では、準備はいいですね。

あなたの余命はあと三年、今日から三年です。そうとわかったら、あなたは個人として、そして職業人として、なにを変えたいですか？　なにをしたいですか？　誰ともっと親密に関わりたいですか？」

友人とはあなたの魂の歌を知っていて、あなたが言葉を失ったとき、その歌を歌ってくれる人だと私は説明する。あなたの友達は誰ですか？　なぜその人たちと今もっと頻繁に会おうとしないのですか？　あなたは人生をどう変えたいですか？

作文を書く時間は一五分。それ以上は必要ないだろう。私が求めているのは、ありのままの心を取り繕わずに描いたレポートなのだ。

書き終えた紙をたたんで宛先を書いた封筒に入れ、封をしてもらう。私はそれを回収してオフィスに持って帰る。そして、期日管理ファイルに保管しておく。それを三年後に各自に送るという仕組みである。

これを六年ほど前から実施している。大変な反響がある。封筒を受け取った人から毎月、何十本も電話がかかってくる。

大半の人は封筒を見たとき、宛名の字に見覚えがあるものの、自分宛に書いたことは忘れていたそうだ（三年は長い）。封を開けてみて、この三年をどうすごすつもりか書いた作文を読む。そして、私に電話してくるわけだ。

なかには、書いたことをほぼ実現した人もいる。そして、多くの人が三年目を無事に超えられたことに感謝している。私は身に余る賞賛の言葉をいただいた。それは全部メモしてある（いつか本にできればと思って）。

実行を公言すると、実際に実行できる確率が高くなることは、社会科学者も実証している。実行したいことを書くのも、それを心に刻みつける効果があるはずだ。

ただし、内容はよく考えたほうがいい。実現する可能性はかなり高そうだ。

この質問はさまざまな状況で使える。私はクライアントにも友人にも家族にも使ってきた。

「あと三年しか生きられないとしたら、あなたは個人として、そして職業人として、なにをしたいですか？」

これはあなたをすばらしい旅に連れ出してくれる質問だ。道はいくつにも分かれていて、道しるべはない。ロードマップもない。

こう問いかけられると、いやでも人生における優先順位を考え直すことになるだろう。時機を待ってなどと悠長にかまえていられない。待っていても、そんな時はこないのだから。

自分にこう問いかけて、心を奮い立たせよう。人生というカンバスはおぼろげでも、細部を描き込めば、輝かしい光を放つことができるだろう。


人生の優先順位を考え直し、残りの人生をどうすごしたいかじっくり考えてもらいたかったら、こう訊くといい。「あと三年しか生きられないとしたら、あなたは個人として、そして職業人として、なにをしたいですか？」

❗ この質問の活用法

「あと三年しか生きられないとしたら、あなたは個人として、そして職業人として、なにをしたいですか?」

「カルペ・ディエム(その日を摘め)」というラテン語は、英語圏でよく使われる表現だ。古代ローマの詩人、ホラティウスが、今日という日を大切に生きよという意味で使った言葉で、英語では「シーズ・ザ・デイ(その日をつかめ)」とも表現される。

人生の意味を考え、充実した日々を送るきっかけとなる言葉だ。私たちの祈りであり、賛美歌でもある。この言葉は、チャンスを大切にして、それに挑戦することを教えてくれる。

今日という日を精いっぱいすごし、今このときを楽しもう。人生が与えてくれる喜びを全力でつかみ取ろう。人生の目標は若いまま死ぬことであるべきだ。そして、できるだけ遅く。

だからこそ、これは強力なパワー・クエスチョンなのだ。あと三年しか生きられないとしたら、あなたはその時間をどうすごすだろうか? ほかの質問からは導き出せない思いもかけない答えが見つかるだろう。
カルペ・ディエム。これがすべてを語っている。

【いつこの質問を使うか】

- 友人、家族、同僚、それ以外にも知っている人になら誰にでも

- 考え方を変えて、日々の些細な出来事にくよくよしないでほしいときに

【この質問のバリエーション】

- 「あなたにとって人生でいちばん大切なことはなんですか？　そのために充分時間を使っていますか？」

【フォローアップの質問】

- 「なぜそうするのをためらっているのですか？――今できるのに」

35 パワー・クエスチョンの驚くべき威力

しばしタイムスリップしよう。一九五〇年代のルイジアナ州ボージャーへ。

マデラインが八歳のボニーと六歳の妹を裏庭に連れ出した。マデラインは姉妹の母だ。「紙と鉛筆を持ってらっしゃい」と娘たちに言う。

マデラインは地面に座った。かたわらに靴箱と小さなシャベルが置いてある。少女たちも母のそばに座る。

「ここに穴を掘ってちょうだい」穴はちょうど靴箱が入るくらいの大きさだ。

「じゃあ、今度は持ってきた紙に書くのよ、『できない』って。そして、紙をたたんで靴箱に入れて。そうしたら、箱を埋めましょう」

「わかった?」マデラインが念を押す。「これでもう二度と『できない』という言葉は使えないの」それ以来、「できない」とぜったいに言わないことがボニーの信条となった。

さて、今度は時間を早送りしてみる。ボニーは一〇代になっている。裁縫が嫌いで、頑として習おうとしない。そして、そのことがボニーの運命を決めた。

ファッションデザイナーになるために学校に入ると、まず針と糸を渡された。デザイナーには裁縫が必修だというのだ。こうして、ボニーの夢は砕かれた。

それでよかったと私は思う。デザイナーになっていたら、あれほどめざましい業績は残せなかっただろう。

ボニー・マッケルビーン・ハンターは、最終的には、アメリカで最大のカスタム出版社のオーナー経営者となった。女性が経営する企業としては全米でも最大級の会社である。

だが、彼女の業績はそれだけではない。フィンランド大使をつとめた上、アメリカ赤十字社で史上初の女性の総裁になった。女性の社会進出の熱心な擁護者で、国際女性ビジネスリーダー・サミットを創設している。

私はコリン・パウエルと晩餐会で隣り合ったことがある。アーバン・リーグの全国大会で彼が表彰されたときのことだ。パウエルは国務長官を辞任した直後だった。彼はボニーが大使になったとき就任式に立ち会っていた。私はボニーをよく知っていると言った。

「彼女はすばらしい」パウエルは言った。「並はずれた知性と意欲の持ち主だ。しかも、実に効率よく動く。まさにエネルギーの塊だ」

私のボニー評もお伝えしたい。フィンランド語にシス（sisu）という言葉がある。途方もないことをやってのける精神的エネルギーのことだ。ボニーのバイタリティと気迫を表すぴったりの言葉だ。ほかの人なら無理だと諦めることでも、ボニーはなんとしても可能性を見つけようとする。

ボニーと仕事をするようになって一〇年以上になるが、いまだに彼女には触発されることばかりだ。私にとって、ボニーはスーパーヒーローである。

長いつき合いの中で、ボニーにも何度もパワー・クエスチョンをぶつけた。そして、いつも質問がきっかけとなって話が弾んだ。

たとえば、一緒にランチをとりながら、こう訊いたことがある。「**これまでいちばん答えに困った意味深長な質問はなんですか?**」ボニーはほんの少し考えたが、すぐ答えた。

「一度こう訊かれたことがあるわ、『あなたの足跡は一〇〇年後にどんな違いをもたらすでしょう?』」(私は「見習うべき例は最良の説教に勝る」という格言を思い出した)

それから一〇分ほど、ボニーは世の中を変え、未来の世代にも影響をおよぼすために一生のうちにやり遂げたいことを熱心に語り続けた。

ひとつのパワー・クエスチョンが、一〇分続く答えを引き出したのである。

一緒に出かけたときにこう訊いたこともある。「これまでいちばん相手を困らせた質問はなんですか?」これも思考力を刺激するパワー・クエスチョンである。

ボニーはパレスチナの赤新月社およびマゲン・ダビド・アドム(ダビデの赤い盾)との会議の

話をしてくれた（マゲン・ダビド・アドムとは、イスラエルの赤十字社および救急活動組織）。議題は国際赤十字社連盟と赤新月社の合併についてだった。

「私は『赤十字社と赤新月社との違いはなんですか？』と訊いたの。それから一時間ほど、違いを見つけようとして熱のこもった議論が続いた。結局、なにひとつ見つからなかった。赤十字社の幹部にも同じ意味の質問をした。

手っ取り早く言えば、こう訊いたの。『私たち双方が抱いている人類愛は、相手の立場を無視した意見の隔たりより大きいのではありませんか？』と」

ある日、ボニーのオフィスで会ったときには、また別の質問をした。ひっきりなしに社員が出入りしていた――報告に来たり、質問しに来たり、裁決を仰ぎに来たり。仕事の話が終わると、私は訊いてみた。「**ボニー、あなたにとって完璧な一日とはどんな日ですか？**」

「簡単なことよ。私にとって完璧な一日とは、二本の足で立っていられる日……そして、神が私に苦難を与え、日常の騒音の外に連れ出して大きな目的のために働かせてくださる日」

私は重ねて尋ねた。「**これまでで最高だった日はいつですか？**」

「私の最高の日はこれから来ると信じているわ。それは、私がこの言葉を聞きたいと思っている日、『よくやった、私の善き忠実な僕《しもべ》よ』」

それからまた三〇分、この二つの質問に対するボニーの答えを聞くことができた。

こんな質問をしたこともあった。「ボニー、あなたは驚くほどたくさんのことを成し遂げましたね。この国でも屈指の女性だ。**どういう人物として後世に名を残したいですか？**」

「まだその努力をしている最中よ。人間はなにも持たずにこの世に生まれて、なにも持たずにこの世から消えていく。永遠に失わずにすむものがあるとしたら……それは与えたものだけ。私は与えた人と記憶してもらいたい。

人を励まし、発想のヒントを提供して、最大限に能力を発揮してもらう手助けをしたと思ってもらえたら最高」

これがきっかけとなって、また一五分、生きているうちになにをすべきかというボニーの話を聞くことができた。

ボニーの答えには信仰に裏づけられた信念がある。ボニーは尽きることのない奉仕に一生を捧げているのである。

ボニー・マッケルビーン・ハンターの崇高な人柄は、どれだけ語っても語り尽くせない。だが、ここでボニーを紹介したのは、的を射た質問が相手の心を開き、その人にしか語れない答えを引き出す力があることを理解してほしかったからだ。パワー・クエスチョンを活用すれば、生き生きとした会話が続けられる。

私がさまざまな機会にボニーに問いかけたように、同じ相手に対しても、バリエーションを増やして同じ質問をすることもできる。パワー・クエスチョンは一回限りのものではないのだ。

相手が心の奥に秘めている感情を引き出したいとき、パワー・クエスチョンはあなたの最強の味方になってくれるだろう。適切なときに使えば、会話の質が変わること請け合いである。

パワー・クエスチョンを駆使して、限りない探求とチャンスの扉を開こう。そして、豊かな人間関係を築き、新しいビジネスを獲得し、周囲の人に影響をおよぼしていただきたい。

状況別・さらなるパワー・クエスチョン二九三

これまで三五の章で、会話を、さらには、人生すら変える可能性のある一連のパワー・クエスチョンを解説してきた。ここで、これまでに取り上げた主なパワー・クエスチョンをまとめておこう。これに、すでに紹介した追加の質問を合わせ、さらに次の項で紹介する質問を加えると、少なくとも三三七のパワー・クエスチョンをさまざまな状況で使えるはずである。

以下はこれまでの章から抜粋した主要な質問だ。

「弊社のどういう点に興味をお持ちですか？」（2章）
「あなたはどう思いますか？」（3章）
「この相手は買う条件が整っているだろうか？」（4章）
「これはミッションや目標の実現に役立ちますか？」（5章）

ソクラテス・アプローチ（6章）
「どんなふうに始めたのですか？」（7章）
「最初からやり直してもかまいませんか？」（8章）
「あなたはなぜ今の仕事をしているのですか？」（9章）
「これまででいちばんやりがいがあったことはなんですか？」（10章）
「これはあなたにできるベストですか？」（11章）
「イエスですか、ノーですか？」（12章）
目標や抱負を引き出すパワー・クエスチョン（13章）
「あなたの夢はなんですか？」（14章）
「あなたにとって正しい決断はなんだと思いますか？」（15章）
「あなたはなにを学びましたか？」（16章）
「もっとくわしく話してくれませんか？」（17章）
「今の仕事のなににもっと時間を充てたいと思いますか？　逆に、かける時間を減らしたいと思うことはなんですか？」（18章）
「これまででいちばん答えに困った質問はなんですか？」（19章）
「今日、自分の死亡記事を書くとしたら、どんな略歴を書きたいですか？」（20章）
「私をリーダーとして、どう見ていますか？」（21章）

「これまでいちばん幸せだった日はいつですか？」(22章)
「あなたの計画を話してくれませんか？」(23章)
「逆の立場だったら、どうしてもらいたいですか？」(24章)
「彼らにもっとなにをしてもらいたいですか？」(25章)
「なぜそうしたいのですか？」(26章)
「これまでに達成した最大のことはなんですか？」(27章)
「今日はなにを決めただろう？」(28章)
「問題はなんですか？」(29章)
「今日が最高の日になるような出来事がありましたか？」(30章)
「ほかにしたかったことはありませんか？」(31章)
ピーター・ドラッカーの五つの魔法の質問(32章)
「今日話し合わなければいけない最重要問題はなんですか？」(33章)
「あと三年しか生きられないとしたら、あなたは個人として、そして職業人として、なにをしたいですか？」(34章)

日々の生活の中で使えるパワー・クエスチョン

以上、実際の会話の中でパワー・クエスチョンの活用法を紹介してきた。実例をあげたほうがわかりやすいからだ。ドラマチックな現実の話のほうがずっと心に残りやすい。その効果を実感していただけただろう。

だが、まだ取り上げていないパワー・クエスチョンがたくさんある。実は、そのほうがずっと多い。いずれも相手の心に届く思慮に富んだ質問で、日々の生活の中で――職場でも家庭でも、友人に対しても、飛行機で乗り合わせた初対面の人にも使うことができる。

この項では、さらに二九三のパワー・クエスチョンをあげてみよう。状況によって、次の九つのテーマ別に示してある。

1 新規ビジネスを獲得する
2 人間関係を築く
3 人を指導・指南する
4 危機的状況や苦情に対処する
5 上司と円満な関係を保つ

6 部下と円満な関係を保つ

7 新しい提案や着想を判断する

8 会議を改善する

9 寄付を募る

こうした質問を活用して、内容の濃い会話を交わし、豊かな人間関係をつくろう。

以下の質問には、これまでのようなストーリーはついていない。ストーリーをつくるのはあなたの仕事だ。さあ、やってみよう。感動的で啓発的な、すばらしいストーリーを生み出していただきたい。

1 新規ビジネスを獲得する

売り込みを成功させる秘訣はなんだろう？　脈のありそうなバイヤーをその気にさせるには？　バイヤーを獲得するには、相手の要求を見きわめ、信頼関係を築き、提供できる価値を実証しなければならない。優秀な営業担当者は、的を射た質問をすることでこうした状況をつくり出す。

体裁のいいプレゼン資料を見せることで相手の信頼を得ようなどとは考えない。きちんと情報収集した上で思慮深い質問をして、さりげなく自分の知識や経験を伝えるのだ。賢明な質問をして隠れたニーズを探り出す。そして、自分たちに扱うことのできる問題やチャンスがあるかどうか見きわめる。さらに、最高の営業担当者は、心に響く質問をすることで、相手を知りたい、相手のことを気にかけていると伝えることもできる。

売るものが製品であれ、サービスであれ、アイデアであれ、同じことだ。パワー・クエスチョンは初対面で一目置いてもらう早道である。そして、認められることこそ信頼関係を築くための第一歩なのだ。

最初の会合を実のあるものにする

1 貴重な時間を頂戴したのですから、最大限に活かすにはどんな方法がいいと思われますか?

2 弊社のどのような面を知っていただけばお役に立つでしょう?

3 この会合に興味を持っていただいた理由は?

4 御社とご同業の弊社クライアントと話していて、どこでも同じ問題に取り組んでおられると気づいたのですが。その問題とは○○です(例をあげる)。こうした問題は御社や御社の経営にどのような影響をおよぼしていますか?

5 御社は○○(最近、このクライアントの業界もしくは団体であった重要な進展)に対してどのような対応をなさっていますか?

6 ○○（新たな競争、低コストの輸入品、新たな規制など）に、御社はどう対処なさっていますか？

7 御社が高く評価されている競合他社はありますか？

8 御社の今年度の最優先事項を教えていただけますか？

9 御社の今後数年における最大のビジネスチャンスはなんでしょう？

10 ○○（「リスク回避」「機能不全」「挑戦しがいがある」など）とおっしゃいましたが、厳密にはどういう意味でしょうか？

11 御社にとってもっとも大切な顧客とはどういう人ですか？

12 御社の最大の顧客にとって、御社と取引する大きな理由はなんでしょう？

13 顧客が御社との取引を継続する理由はなんでしょう？

14 顧客が御社との取引を打ち切る理由はなんでしょう？

15 どんなとき顧客からクレームが来ますか？　その内容は？

16 この五年間に顧客の期待はどのように変化しましたか？

17 御社の顧客が直面している最大の問題はなんだと思いますか？

18 この取り組み（コスト削減、新組織構築など）の推進力となるのはなんでしょう？

19 よりよい○○（リスクマネジメント、組織効果など）とはどのようなものでしょう？

20 外部からの助力を求めようと決断されるに至った経緯は？

21 その問題に関して、また可能な解決策に関して、社内でどこまで合意ができていますか？

22 この会合ですべての問題を論じられるとしたら、どんなフォローアップが有効だと思いますか？

ニーズを発掘する

23 このことが御社にどれだけコストをかけていると思いますか？

24 これを是正するのにどれだけかける価値があると思いますか？

25 これは御社のビジネスの他の面（売上、コスト、生産性、士気など）にどのような影響をおよぼしていますか？

26 なぜこの問題（離職率が高い、生産性が低い、リスク管理が徹底していない）が判明したのですか？

27 御社で実際にこの問題に対する責任を認めているのは誰ですか？

28 有効な解決法が見つかるとしたら、御社のビジネスにどんな影響がありますか？

29 なぜ現在、これが御社にとって重要なのですか？

30 これは三つないし四つある御社の最優先事項のうちのひとつですか？

31 この問題にどれだけ時間をかけられますか？

32 それに関する例をあげていただけますか？

33 この○○（問題、チャンスなど）をなおざりにしたら、ビジネスにどのような影響がおよぶでしょう？

34 これまでにどんな方策を試みて、どの程度成功したのですか？

35 この変革に対して組織内でどんな抵抗が起こるでしょう？

36 この件を理解する上で、まだうかがっていない問題はないでしょうか？

願望や目標を理解する

37 なにが将来の成長につながるでしょう？

38 市場トレンドが○○だとしたら、御社の現在の戦略はどう変わりますか？

39 御社の成功要因はなんですか？ その要因は将来どう変わるでしょう？

40 御社はすでに高いレベルに達し、多くのことを達成されています。今後の実績向上という観点では、なにを目標にしますか？

41 御社の今後の成長は、どの程度まで現在の顧客に、そしてどの程度まで新規顧客にかかっているでしょう？ そう判断された根拠は？

42 もっと資源があったら、なにに投資しますか？

43 投入する力を減らす、あるいは中止しなければならない分野はありませんか？

44 無理を承知の上で求めるとしたら、なにを要求しますか？

45 御社の優先順位は時間とともにどう変化してきましたか？

46 あなた個人の業績は年度末にどう評価されるでしょう？

47 今後、戦略実現のために強化すべき組織上の、あるいは経営上の課題はありますか？

48 今後、戦略実現に必要となる人員数は？　また、どの程度まで質の向上が求められるでしょう？

49 今後のビジネスを考えたとき、なにがいちばん楽しみですか？

50 今後のビジネスを考えたとき、なにがいちばん心配ですか？

51 仕事の上でずっと成功をおさめてこられましたね。まだほかに成し遂げたいことがありますか？

52 将来の夢はなんですか？

提案を論じる

53 プレゼンテーションでは以下の分野に触れていますが、どこに重点的に時間をかけたら、有効な議論ができるでしょう？

54 このプログラムを成功させることで、どんな利益を期待していらっしゃるか、率直なところをお聞かせ願えませんか？

55 私どもの提案を考慮していただけたとして、もう少しくわしくお聞きになりたいことはありませんか？

56 概略を説明させていただきましたが、私どものアプローチのどの点を買っていただけたでしょう？

57 どの点を懸念しておられるのですか？

58 これは御社の目標とどの点で一致しますか？

59 これを実行するためにパートナーを選ぶとしたら、なにをいちばん重視しますか？

60 失礼ですが、ほかのコンサルタントにも相談なさっていますか？

61 御社の意思決定プロセスを簡単に説明していただけますか？

62 コンサルティング会社を選ぶにあたって最終的な決定を下すのはどなたですか？

63 この資金はどのように決定されるのですか？

64 二社のコンサルティング会社の技術力、経験、価格が同じだとしたら、なにを決め手にしますか？

65 ためらっていらっしゃるようですが、その理由をお教え願えませんか？

66 最終的な決定を下す前に、ほかにこの件についてお話したり、ご意見をうかがったほうがいい方はいらっしゃいますか？

クライアントに会う前に――自問すべきこと

67 この会合に際してクライアントのニーズと期待を徹底的に検討しただろうか？

68 充分な情報や推薦を得るために事前に徹底的に検討しただろうか？

69 適切な人間が――クライアント側からもこちらからも――この会合に出るように手はずをつけたか？　クライアント側からは何人出席し、それは誰か？

70 こちらから複数の人間が出席する場合、それぞれの役割を話し合って決めてあるか？

71 いちばん伝えたいメッセージあるいはアイデアはなにか？　それを一分以内で端的に伝えることができるか？

72 プレゼンテーションにはどんな方法をとるか？　パワーポイントではなくフリップチャートを使ったほうがいいだろうか？　要点を理解してもらうために印象的な例をあげたほうがいいだろうか？

73 会合を生産的なものにするために、先立って渡しておくべきもの（たとえば事前に読んでもらう資料）はないか？

74 現在、クライアントにとって問題はなにか？（職場、家庭などで）どんなプレッシャーを感じているのか？

75 こちらの提案にどんな反応を示すだろう？

76 スケジュールは融通が利き、活発な意見交換をしたりクライアントが持ち出した問題を話し合う時間はあるか？

77 この会合の前に知っておくべき情報（出席者に関する情報、重要なデータなど）はないか？

78 クライアントを触発するような質問を三つないし四つ用意してあるか？

79 この会合にはどんなフォローアップが適切か？

2 人間関係を築く

単なる知り合いから有意義なつき合いのできる間柄に進むにはどうすればいいだろう？

互いのことを知れば知るほど、結びつきは深まってくるものである。とすれば、大切な経験を語り合い、どんな人間か理解してもらうために、仕事上だけでなく個人レベルでも相手の心に響くような会話をしなければならない。

人間関係はダイナミックなものだ。現状のままということはまずない。どんどん進展するか、さもなければ、立ち枯れるかだ。以下の質問は、人間関係を深めて進展させ、豊かな実を結ぶために役立つはずである。

個人的な関係をつくる

80 あなたはどんな人間として人々の記憶に残りたいですか？

81 これまでに達成した最大のことはなんですか？

82 これまででもっともやりがいを感じたのはどんなことですか？

83 これまでで最良の日はいつでしたか？

84 今はわかっていても、若いころに（成功、人間関係、親となることなど）知っていればよかったと思うことはありますか？

85 これまでどんなキャリアを積んでこられたのですか？　現在の地位につくまでのことを教えていただけませんか？

86 今の会社で働く最大の喜びはなんですか？

87 現在の時間の使い方や効率から考えて、今ほど時間をかけたくないこと、反対にもっと時間を費やしたいことはなんですか？

88 ご家族のことを聞かせてください。お子さんは何歳ですか？

89 仕事でエネルギーを使い果たしていないとき、自由になる時間にはなにをなさっていますか？

90 ○○（時事問題、選挙結果などなんでも）についてどう思いますか？

91 あなたの重要なロールモデル、あるいは良き師となったのは誰ですか？

92 子供時代はどこですごされましたか？　そこはどんなところですか？

93 ご両親はどんな方ですか？　ご両親から学んだことは？

94 もし○○（ビジネスマン、教師、医師など）にならなかったら、どんな道へ進んだと思いますか？

95 今日、自分の死亡記事を書くとしたら、どんな内容になるでしょう？

96 これまででいちばん印象に残った本（映画、コンサートなど）はなんですか？

97 ご自分を外交的な性格だと思いますか、それとも内向的だと？　それはなぜですか？

98 Eメール、電話、手紙、直接会って話し合う、ソーシャルメディアなどコミュニケーション手段にはいろいろありますが、あなたが好む方法はどういったものでしょう？

99 あなたの初期のキャリアはよく存じあげていません。社会に出て五年ほどのことを話していただけませんか？

100 現在、上司からいちばんプレッシャーをかけられている問題はなんですか？

相手の願望を理解する

102 お仕事について話していただけませんか？　いちばん時間を費やすのはどんなことですか？

103 年度末にどんな評価を受けると予想していますか？

104 会社は今年あなたになにを求めているのですか？
105 現在取り組んでいらっしゃる主なプロジェクトは？
106 あなたにとって今いちばん大切なことはなんですか？
107 今いちばん情熱を傾けているのはなんですか？
108 今年なにより達成したいと願っていることは？
109 週にあと二時間ほど時間があったら、なにをしたいですか？
110 （仕事をしていない、家事に追われていないときなど）いちばんしたいことはなんですか？

相手に共感する

111 どうですか、調子は？
112 そのことをもっと話してくれませんか？　どうなったんですか？
113 ○○と感じたというのは、どういう意味でしょう？
114 なぜそうなったと思いますか？
115 それをどう感じました？
116 あなたがどう感じたか想像してみたのですが、きっと○○（腹が立った、ばつが悪かった、誇らしかったなど）でしょうね。そうじゃありませんか？

117 今、どれだけ○○（腹が立っている、ばつが悪い、誇らしいなど）と自分で思いますか？

118 それは大変なことでしたか？　やりがいがあったのではありませんか？〈否定的な態度は禁物。相手の言ったことはなんでも真剣に受け止めること〉

119 それは正しい行動だったと思いますか？　あるいは、正しい反応だったと？〈判断を下してはいけない。判断を下すと、そこで共感がとぎれてしまう。あくまで相手がどう思うか訊ねること〉

120 問題は二つあるようです。そして、あなたはその二つの間で板ばさみになっているのですね〈相手の話を言葉を変えて確認すること。相手の話をそのまま要約するとうんざりされる。表現を変えてまとめたほうがはるかに効果的〉。

121 これからどうするつもりですか？　どんな選択肢があるでしょう？

122 私も同じような経験をしました。そのことを話してもいいですか？

123 なにか私にできることはないでしょうか？

仕事関係でフィードバックをもらう

124 我々の協力関係はどういう方向に進むとお考えでしょうか？

125 我々の協力関係について忌憚のないご意見をうかがえますか？

126 我々の関係に改善すべき点はないでしょうか？

127 私がもっと力を入れるべき点はどこでしょう？　反対にやりすぎている点は？

128 御社に私が時間をかけて話をしたほうがいい人物はいらっしゃいますか？

129 これまでのところ充分なコミュニケーションがとれていますか？

130 御社の重要な優先事項の実現に貢献できているでしょうか？

131 これまでにいちばんお役に立てたのはどういった点でしょう？

132 御社の目標を達成するために私はどんな点で役立っているでしょうか？

133 御社の主要問題の解決に私はお役に立っているでしょうか？

134 どうすればあなたの負担を軽減できるでしょう？

135 スムーズな協力関係を築くにはどうすればいいでしょう？

136 どんな点で私は御社にとってよい聞き役になれるでしょう？

137 御社に関して、理解を深めておくべきことはありませんか？

138 総合的に見て、目標達成のためにもっとお役に立つにはどうすればいいでしょう？

139 御社に関して我々が承知しておくべきことはほかにないでしょうか？

140 ほかになにかうかがっておいたほうがいい問題はありませんか？

141 弊社をお知り合いに推薦していただけるとしたら、10点評価でどれぐらいになるでしょう？

3 人を指導・指南する

今、あなたは誰かに自分の経験や人生の知恵を伝えられるだろうか？　年齢は関係ない。人を指導したり指南したりするのは、それが仕事のうちであっても、個人としてであっても、すばらしい体験だ。

パワー・クエスチョンは人を指導するとき、とりわけ力を発揮する。進むべき方向を指し示すのではなく、相手が自分で解決できるように道案内することが大切だ。質問すれば、相手の希望や不安や夢も明らかになるだろう。パワー・クエスチョンを活用すれば、押しつけるのではなく、相手の力を引き出すことで、望ましい方向に導くことができる。

142 どうすれば最大限お役に立てるでしょう？

143 これまでに指導を仰いでいちばん役に立ったのはどんなときでしたか？　なぜあなたにとってそれほど有効だったのでしょう？

144 現在、最大の目標はなんですか？

145 今、どんな疑問を抱いていますか？

146 どういう疑問に対する答えを求めているのですか？

147 今、いちばん夢中になっていることはなんですか？

148 実行はとても難しいけれど、もし実現できたら、御社の業績がぐんと上がるようなことはありますか？

149 いつまでにこうした目標を達成したいと思いますか？

150 望みをかなえるためにやり遂げなければならないことはなんでしょう？

151 こうした目標を達成する上で最大の懸念材料はなんですか？

152 今、直面している最大の障害はなんですか？

153 そうした障害を取り除く方法をなにか思いつきますか？

154 その問題とは？　なぜそう考えるに至ったのですか？

155 どういう対処をされたのですか？　どの程度効果がありましたか？

156 どういう対処法がベストだと思いますか？

157 同じような状況に陥ったことはありませんか？　そのときはどんな対応をしました？

158 今になって知っていればよかったと思うことはありますか？

159 今おっしゃったことを具体的に示す例をあげられますか？

160 振り返ってみて、これまでいちばんうまくいったことはなんですか？　その原因は？

161 仕事の上で心から満足できたのはどんなときでしたか？

162 現在の仕事でいちばんやりがいがあるのはなんですか？

163 あなたがいちばん自信のある分野はなんですか？

164 あなたがなにより大切に思うことはなんですか？

165 現状から一歩踏み出し、目標を達成するために、諦めたほうがいいと思うことはなんですか？

166 キャリアの上で将来かなえたい夢は？

167 これまでお話したなかでいちばん参考になったのはなんでしょう？

168 これまでのお話を総合すると、次の課題はなんだと思いますか？

4 危機的状況や苦情に対処する

苦情を訴えられると、とっさに反論して、相手が実情を正しく把握していないと説明したくなることが多い。相手の勘違いを正そうとする。要するに、自分が正しいと実証したくなるのだ。だが、感情を害している相手にとっては、実情とは自分の気持ちにほかならない。話を聞いて理解してもらいたいのである。理路整然と説明されたところで、気持ちが収まるものではない。へたをすると、相手の感情をこじらせてしまうだろう。見解の相違があるとしても、重要なのは人間関係を築くことで、議論に勝つことではない。

危機的状況に陥った場合や苦情を受けた場合には、まず適切な質問をするといい。質問することで、思いがけない情報を得たり——さらに重要なのは——相手を味方につけて問題を解決することもできる。

169 ご指摘いただいて助かりました。この件についてまだほかに問題はないでしょうか？

170 ほかにまだ問題はありませんか？

171 そういうことだったのですか？

172 それでどうなったのですか？

173 相手はどういう対応をしましたか？

174 なぜこういう状況になったと思われますか？

175 ほかにも教えていただくことはないでしょうか？

176 こんなことになって申し訳ありません。現時点でどういう対応をお望みでしょう？

177 お知らせいただいて本当に助かりました。この件についてお目にかかってお話をうかがいたいのですが、いつがよろしいでしょうか？

178 もう少し調べた上で、近日中にお目にかかって対処法をご相談したいのですが、いかがでしょうか？

179 それまでになにかございましたら、お知らせいただけますか？

5 上司と円満な関係を保つ

上司から信頼されるには、どんな態度や行動を取ればいいだろう？　発想が広がり深く考えるきっかけとなる質問は、クライアントばかりでなく、上司や経営陣にもあなたを強く印象づける。てきぱきと仕事をこなし、目標を達成する能力が不可欠なのはいうまでもない。だが、あなたの態度や物の考え方もそれと同じぐらい重要なのだ。

あなたは人に助言を求めないタイプだろうか？　それとも、健全な好奇心と学ぶ意欲のある人間だろうか？　なんでもひとりでやりたいタイプだろうか？　それとも、同僚や上司と定期的に情報交換しているだろうか？

以下の質問は、上司との関係を円滑にし、組織の一員として意欲的で責任感のある人間であることを証明してくれるだろう。

180 向こう一年間の当社の最重要課題はなんですか？

181 向こう一年間の当部署の最優先事項はなんですか？

182 今年、会社は我々になにを期待しているのでしょう？

183 達成目標のうちで、予定どおり、あるいは予定より進んでいるものはなんですか？　逆に予定より遅れているのは？

184 目標達成のために私にできることはありませんか？

185 この決定を下されるにあたって私にできることはないでしょうか？

186 この決定を実施するにあたって私にできることはないでしょうか？

187 上層部がこの結論に達した経緯を教えていただけませんか？　ほかにはどんな選択肢を検討されたのですか？

188 将来どういった問題が表面化する可能性があるでしょう？

189 将来もっとも期待していることはなんですか？

190 これまでの経験から、優秀な部下の特徴はなんだと思いますか？

191 私の短期的、中期的、そして長期的な最優先事項はどういったことであるべきだと思いますか？

192 次の業績評価までに期待を上回るには、なにを達成すればいいでしょう？

193 私の強みを三つあげるとしたら、なんだと思いますか？　逆に、最大の弱点あるいは強化すべき点はなんでしょう？

6 部下と円満な関係を保つ

優れたリーダーは優れた質問をする。最初から答えを提供したら、誰も自分のこととして責任を持って実行しないのを知っているからだ。だが、答えを出すのが部下だとしたら――責任の所在は自分にあると思ってくれたら――実現できる可能性はずっと高くなる。

指示や命令や現状認識を伝えても、部下の意欲を向上させることはできない。答えを出すのはリーダーの特権ではなく、適切な質問こそ部下のやる気を引き出す秘訣なのだ。

194 もはや重要でも効率的でもなくなっていて、廃止したほうがいいことはないだろうか？
195 会社を発展させるにはどうすればいいと思いますか？
196 どうすればこの点を改善できるだろう？
197 組織として成功するためにもっとも重要な方策をとるとしたら、どんなことだろう？
198 この方法をとっている理由を知っていますか？
199 この問題の本当の原因はなんだと思いますか？
200 効率よく働く上でなにか障害となるものはありますか？
201 ○○（コスト削減、収益拡大、生産性向上、イノベーション促進など）についてなにを提案したいですか？

202 どうすればもっとやりがいを持って楽しく働けるでしょう？
203 将来、どんな部署につきたいですか？
204 どんな情報や資源があれば、仕事の効率化が図れるだろうか？
205 私が最大に能力を発揮し、影響力をおよぼせるのはどういう面だと思いますか？
206 現在の仕事でなによりも気に入っている点はなんですか？

207 現在の仕事でいちばん大変なことはなんですか?
208 実際に働いてみて、我が社の社風をどう思いますか?
209 当社のどんな点に誇りを感じますか?
210 最近、経営陣が下した決断で理解できなかった、あるいは、もっと情報がほしかったと思うことはありませんか?
211 効率的なコミュニケーションを図るために経営陣はなにをすべきだと思いますか?
212 当社でもっと深く知りたいと思う人物は誰ですか?
213 最近、顧客からの反応はどうですか?

7 新しい提案や着想を判断する

提案された内容がいいか悪いか、あなたはなにを根拠に判断するだろう? 期待が持てそうか、まったく実現性がないか、どう判断するだろう?

私たちは毎日のように新しい提案や着想を次々と持ちかけられる。職場で新規プロジェクトへの投資を提案されることもある。あるいは、子供たちから新しいスポーツを始めたいと言われたり、進路の相談を受けたりすることもある。

相手がクライアントでも家族でも、以下の質問は、提案の内容を吟味し、適切な判断をする力を与えてくれるだろう。

214 なぜそれを続けているのですか？（続けられる理由は？）
215 あなたのミッションはなんですか？
216 そのなにがあなたにはいちばん重要ですか？
217 最大の目標はなんですか？
218 どうしてもそれをやり遂げたい理由は？
219 どんな成果をおさめられそうですか？
220 どんな成果をめざしているのですか？
221 成功する見込みは？
222 それは○○（顧客、従業員、仕入先、サポートのスタッフ、周囲の人など）にどんな影響をおよぼすでしょう？
223 それがどんな変化をもたらすと思いますか？
224 マイナス効果が出る恐れはないでしょうか？
225 それに携わることでほかの面での能力が制限されませんか？
226 どんな結果を想定していますか？
227 （決定を左右する不確定要素を）どう予測していますか？

228 その予測を裏づけることができますか？

229 重大な予測のどれかが誤っていたらどうなるでしょう？

230 あなたの計画は？

231 どういうアプローチをとるつもりですか？

232 達成するためにどんな助力や資源が必要ですか？

233 いつ始める予定ですか？

234 時機を決定する要素はなんですか？

235 少しでも早く始める利点はありますか？　先に延ばすと不利な点はありますか？

236 時機を決定あるいは左右するのは誰ですか？

237 うまくいかないことがあるとしたら、それはなんでしょう？

238 時機を待ったり中止したりすると、どんなリスクがありますか？

239 成功させるために乗り越えなければならない最大の課題を二つか三つあげられますか？

240 コントロールできるリスクは？　逆にできないリスクは？

241 ほかにどんなことを検討していますか？

242 まったく制約がないとしたら、どうしますか？

243 ほかの選択肢とくらべてどうでしょうか？

244 次善の選択肢は？　それが最善のものとなる可能性はありますか？

245 あなたのミッションと矛盾しませんか？
246 あなたの信念や価値観と矛盾しませんか？
247 あなたが公言してきたことと矛盾しませんか？
248 組織内で進行中の他のプロジェクトと両立しますか？

8 会議を改善する

会議では、へたをすると、何十分、何時間という時間を無為にすごすことになる。大きな組織に所属している人に訊いてみると（実際には、組織の規模は関係がないのだが）、会議にどれだけ時間を費やしているか――おうおうにして無駄にしているか――わかるだろう。

だが、以下の質問をすることで――「これ以外に会議のやり方はないでしょうか？」から始めるといい――会議の効率と生産性が向上すること請け合いである。

249 この会議の目的はなんですか？
250 なにを実行しようとしているのかはっきりさせたいのですが。
251 ほかにもこの場にいるはずの人、あるいはいるべき人はいませんか？
252 どれぐらいの時間が必要ですか？　その理由は？

253 （一時間ではなく）三〇分でやれないでしょうか？
254 これ以外に会議のやり方はないでしょうか？
255 どんな決定を下さなければいけないのですか？
256 決定の根拠となる情報がありますか？
257 この会議でどんな決定が下されたのですか？
258 この会議の進め方をどう思いますか？
259 これは時間の有効な使い方でしょうか？
260 期待していたことを達成できたでしょうか？
261 結局のところ、この会議を開く必要はあったでしょうか？

9 寄付を募る

アメリカでは三〇〇〇万人以上の人が非営利団体の役員をしているといわれている。あなたもそのひとりかもしれない。

こうした役員や理事の重要な仕事のひとつが、組織のために寄付を募ることだ。そういう場合に役立つパワー・クエスチョンを以下にあげてみよう。これをきっかけに会話が弾み、相手の心をつかむことができるはずである。

262 どうすれば○○（コミュニティ、病気の人、学生、ホームレスなど）に効率よく手を差し伸べられると思いますか？

263 あなたが私たちの組織のトップだったら、どんな目標を掲げますか？

264 私たちの活動をどう思いますか？　どうすれば活動範囲を広げられるとお考えでしょう？

265 あなたの寄付をどんなふうに活用してほしいですか？

266 慈善活動が人生で大きな意味を持つと気づいたのはいつですか？

267 あなたが組織の役員だったら、寄付を最大限に活用するためにどうしますか？

268 私たちの組織の改善点はなんでしょう？

269 どうすればもっと幅広く効率よく奉仕できるでしょう？

270 私たちの組織が地域で名を知られている理由はなんだと思いますか？

271 もっと多くの人に知ってもらうにはどうすればいいでしょう？

272 どうすれば私たちの組織を理解してもらえるでしょう？

273 私たちの組織をはじめ、あなたが支援なさっている組織のトップになにより求められる資質はなんだと思いますか？

274 （同窓生に対して）大学で学んだことは世間に出てから役立ちましたか？

275 社会で認められたいと思いますか？

276 あなたの寄付が社会で活かされたと感じるのはどういうときですか？
277 寄付に対してどんな形の感謝がほしいですか？
278 私たちの組織との関わりはどういうものでしたか？
279 私たちの組織をどう思いますか？
280 このプロジェクトをどう思いますか？
281 私たちの計画のどこをいちばん気に入っていただいていますか？　その理由は？
282 お送りした資料に興味を持っていただくにはどんな方法が最適でしょう？
283 最初に寄付していただいたきっかけはなんだったのでしょう？
284 寄付を打ち切られましたが、その理由はなんですか？　どういう点でご期待に沿えなかったのでしょう？
285 最初に寄付をなさったのはいつですか？　そのきっかけは？
286 どの団体に最大の寄付をしていらっしゃいますか？　これまでにどれぐらい寄付なさったのでしょう？
287 優先順位リストの上位に載せてもらうには、なにを改善すればいいですか？
288 どういう寄付にもっとも喜びを感じますか？
289 経済情勢に影響を受けますか？
290 寄付して期待を裏切られたのはどんなときですか？

291 なにがきっかけで非営利団体に寄付を始められたのですか？

292 人生でいちばんほしいものはなんですか？

293 どんな人間として覚えてもらいたいですか？

訳者あとがき

伝えたいことを要領よくまとめて相手の心に届くように話す。商品の売り込み、社内会議での発言、契約を取るためのプレゼンテーションなど、ビジネスの場では、さまざまな機会にコミュニケーション能力が試されます。せっせと準備したのに、あまりうまくいかなかったという経験を持つ方も多いのではないでしょうか。

この本は、適切な質問を適切なタイミングで投げかけて、一歩踏み込んだコミュニケーションを実現する秘訣を興味深い事例をあげながら教えてくれます。ソクラテスやアインシュタインといった歴史上の偉人だけでなく、ピーター・ドラッカーやスティーブ・ジョブズなど日本でもおなじみの人物が登場し、すぐそばで話しているような臨場感たっぷりのエピソードが次から次へと紹介されるので、読み物としても楽しんでいただけるでしょう。

本書は二〇一二年にアメリカとカナダで同時に出版され、たちまち大きな反響を呼びました。『コーチングの神様が教える「できる人」の法則』（日本経済新聞出版社）の著者、マーシャル・

ゴールドスミスは、こんな賞賛の声を寄せています。
「フランクリン・ルーズベルト大統領、ソクラテス、シェークスピア、イエス・キリストの共通項はなにか？　この本の二人の著者によると、それは『パワー・クエスチョン』の使い方を知っていることだ。この本を読めば、あなたも仲間入りできる！」

著者のアンドリュー・ソーベルとジェロルド・パナスは、いずれも現在アメリカのビジネス界に大きな影響力を持つ経営コンサルタント。二人合わせると、コンサルティング歴は七〇年におよぶそうです。

アンドリュー・ソーベルは、シティバンク、ゼロックス、コグニザントといった数多くの企業に携わる一方で、講演や著述活動にも精力的に取り組んでいます。処女作でベストセラーとなった『選ばれるプロフェッショナル――クライアントが本当に求めていること』（英治出版）は、信頼関係を築くために不可欠なアドバイザーの特質をわかりやすく解説して、クライアントに対するサービスに新たな視点をもたらしたと評されました。

ジェロルド・パナスは、資金調達および財源確保に関するサービスを提供するジェロルド・パナス、リンジー&パートナーズのCEOを長年つとめ、アメリカだけでなく世界中の企業や非営利組織に関わってきました。ソーベルと同様、執筆や講演にも活躍の場を広げて、「魔法のパートナーシップ」「最高の自分になる」といったテーマで年間五〇回以上の講演をこなしながら、これまでに一三冊の本を書いています。

こうしたそれぞれの分野の第一人者が、長年の経験を通して発見した優れた質問が持つパワーを実践的に伝授してくれるのです。

聞き上手な人は、熱心に話を聞くばかりではなく、話している本人が考えを整理できるように上手にあいづちを打ったり、鋭い問いかけをしたりするものです。相手の心を開き、質問した側も啓発されるようなパワーのある質問を活用すれば、職場だけでなく日常生活のあらゆる場面で、実りある人間関係が築けるでしょう。その場の状況に応じて、あなた自身の言葉に置き換えながら、パワー・クエスチョンの効力を実感してください。

二〇一三年　三月

［著者］

アンドリュー・ソーベル　Andrew SOBEL

クライアントとの間に信頼関係を築き、実りある関係を持続させるスキルと戦略に関する著書で世界的に著名。ベストセラーとなった処女作 *Clients for Life*（邦訳『選ばれるプロフェッショナル』英治出版刊）はビジネス書の新たなジャンルを確立した。シティバンク、ゼロックス、コグニザントなど有名企業トップに対するコンサルタントとして30年におよぶキャリアを誇り、『ニューヨーク・タイムズ』『USAトゥデイ』『ハーバード・ビジネス・レビュー』など主要紙誌に大きく取り上げられた。ダートマス大学タック経営大学院でMBAを取得。

ジェロルド・パナス　Jerold PANAS

1968年の設立以来、大学や美術館、ヘルスケアセンターなど主に非営利の2,500を超える組織や団体に資金調達に関するアドバイスを行なってきた世界最大のコンサルティング会社、ジェロルド・パナス、リンジー＆パートナーズのCEO。フィランソロピーのトレーニングを提供し、「ドナー」を養成するInstitute for Charitable Givingの設立者でもある。これまでに13冊の著書があり、なかでも常にベストセラーリストに登場する*Asking*と*Mega Gifts*が有名。全米各地で年間50回以上の講演をこなしている。

［訳者］

矢沢聖子（やざわ・せいこ）

英米文学翻訳家。津田塾大学卒業。主訳書に、リンゼイ・デイヴィス『密偵ファルコ』シリーズ（光文社）、アガサ・クリスティー『スタイルズ荘の怪事件』（早川書房）、ダミアン・トンプソン『すすんでダマされる人たち』（日経BP社）、マイケル・ヴィンセント・ミラー『愛はテロリズム』（紀伊國屋書店）、パトリック・レンシオーニ『ザ・アドバンテージ』（翔泳社）ほか多数。

装丁・本文デザイン　轡田昭彦／坪井朋子
編集協力　　　　　　企画 JIN（清水栄一）

パワー・クエスチョン
空気《くうき》を一変《いっぺん》させ、相手《あいて》を動《うご》かす質問《しつもん》の技術《ぎじゅつ》

2013年4月2日　初　版
2013年5月20日　初版第3刷

著　　者　アンドリュー・ソーベル
　　　　　ジェロルド・パナス
訳　　者　矢沢聖子
発 行 者　五百井健至
発 行 所　株式会社阪急コミュニケーションズ
　　　　　〒153-8541　東京都目黒区目黒1丁目24番12号
　　　　　電話　03-5436-5721（販売）
　　　　　　　　03-5436-5735（編集）
　　　　　振替　00110-4-131334

印刷・製本　大日本印刷株式会社

Printed in Japan
ISBN978-4-484-13104-7